2025 현대문학사조문인협회
열다섯 번째 앤솔로지

ㄱ·ㄴ·ㄷ·ㄹ의 만남

2025 현대문학사조문인협회
열다섯 번째 앤솔로지

ㄱ·ㄴ·ㄷ·ㄹ의 만남

현대문학사조문인협회 문인들의
시·시조·수필·소설을 모아 엮은 글의 아름다움

도서출판 채운재

발간사

현대문학사조 15주년

현대문학사조
한 해, 두해 인연의 끈을 이어온 긴 세월
기쁨이 행복의 열매를 만들었고
시련은 성장과 통찰(洞察)을 쥐어져
소중한 인생길이 되었다.
언어 속에서 찾은 인연과 삶의 행복
사람과 사람 사이 배움과 아픔. 인내.
성찰(省察)을 생각하며 마음을 비워왔다.
열매가 익어가는 것 같이
현대문학사조 문인협회가 문학의 길을 열고 있다.
어느새 계간지 통권 64호가 발행되었고
열다섯 번째 동인지가 만들어졌다.
오늘이 오기까지 문사, 문우의 사랑과 성찰
베풀어 주신 은혜로 이루어진 것이다.

동행해 주신 임원님, 문우님 진심으로 감사드립니다.

2025년 9월 1일

발행인 양 상 구 올림

차례

발간사 ·· 5

강여름 - 3월 외 2편 ···························· 10
김건식 - 사랑 외 2편 ···························· 13
김병학 - 하회 마을 외 2편 ···················· 16
김수영 - 노숙자 외 2편 ························ 19
김종천 - 그러려니 외 2편 ······················ 23
김현희 - 급발진 외 2편 ························ 28
민병락 - 가리비 외 2편 ························ 34
박명래 - 가는 봄 오는 봄 외 2편 ············ 38
박상철 - 어머니 외 2편 ························ 41
백미숙 - 어머니란 이름 외 2편 ················ 46
서정원 - 실새삼 외 2편 ························ 49
석용호 - 고향이 뭐길래 외 2편 ················ 52
성옥분 - 봄날을 가꾸다 외 2편 ················ 55
신동진 - 네일 아트(nailart) 외 2편 ·········· 58
신송윤 - 연인 외 2편 ···························· 61
신희목 - 황혼 외 2편 ···························· 64
안효겸 - 잠 못 드는 밤 외 2편 ················ 67

양상구 - 봄의 날개 외 2편 ·············· 70

유나영 - 가을날에 외 2편 ·············· 73

유일종 - 풀꽃 사랑 외 2편 ·············· 78

유정상 - 33년생 외 2편 ················ 81

이상호 - 계룡산 외 2편 ················ 86

이순옥 - 접점 없음 외 2편 ·············· 92

이순정 - 어떤 기지국의 안테나 외 2편 ······ 98

이월호 - 가끔은 나도 섬이 되고 싶다 외 2편 · 101

이진희 - 어둠이 내린 창원천 외 2편 ······· 104

이 현 - 삶과 죽음 사이 외 2편 ·········· 108

전상욱 - 인생 이모작 외 2편 ············ 114

전승훈 - 골목 전쟁 외 2편 ············· 117

전인옥 - 바다를 보며 외 2편 ············ 122

조동현 - 희망의 씨앗을 파종하다 외 2편 · 125

조영심 - 여름꽃 외 2편 ··············· 130

최영자 - 엄마의 마음 외 2편 ············ 134

한용운 - 가을 여행 외 2편 ············· 137

 차례

한빈한숙 - 마로니에공원 외 2편 ············ 142
황승자 - 빗줄기 속에 외 2편 ················ 146
황은미 - 호만천 오리가족 외 2편 ············ 149
곽정순 - 밥 짓는 일 외 1편 ················ 152
박하경 - 자살 조력계 〈환몽〉 ················ 160
이영숙 - 갯벌 바다 ························· 189

2025 현대문학사조문인협회
열다섯 번째 앤솔로지

ㄱ·ㄴ·ㄷ·ㄹ의 만남

3월 외 2편

강여름

기지개를 켜는
3월은 눈의 여왕의 길고 하이얀 손가락 끝에
한 방울 분홍 매니큐어를 떨어뜨렸다

여왕은 눈의 왕국을 달아나는 소년 '카이'의
망토 자락을 우아한 분홍 손톱 끝으로 허겁지겁
붙잡으려다 놓치고, 그만 엉덩방아를 찧었다

얼어붙은 '카이'의 심장을 따뜻하게 녹인 '게르다'의 눈물
눈의 여왕 궁전이 녹아내리기 시작했다 둘은 질척이는
눈의 정원을 엎어지고 자빠지고 뒹굴면서도
다시 일어서서 달렸다

고운 꿈을 꾸던
3월이 봄의 정원 문을 활짝 열고 그들을 껴안았다
행진곡이 3월 하늘 가득 울려 퍼졌다
정원의 풀잎들이 수런수런 일렁이며 물결쳤다
온 세상이 비취옥 빛 무지개로 물들었다
3월, 당신이 드디어 오셨군요

註: '게르다'와 '카이'- 안데르센의 동화 '눈의 여왕'의 두 주인공.

미루나무 아래 선 소년

참 멋진 모자를 쓰셨네요
이거 막내딸이 사준 거예요

베레모 풍의 모자를 벗어 흔들며
시인은 멋쩍게 웃었다
하늘빛 살짝 섞인 연회색 슈트도 멋있다
초여름 향기가 났다
뽀얀 얼굴 실눈에 미소가 잔잔하다
단정하게 앉아있는 모습
풋풋한 소년처럼 보였다

머언 먼 우리들의 소년 시절을 떠올렸다
미루나무에 기대어 서 있던 한 소년
초여름 정오의 햇살이 은 비단처럼 나부꼈다
바람에 흔들리는 미루나무 잎이
뒤집기 하며 은빛 날개로 파닥였다

노년의 모습으로 변했을 소년 그 나무 아래 서 있다

다알리아꽃 혼자 남았네

잘 있거라 마음아
우정이길 꿈꾸었는데
나의 실수로 깨어졌네

우리들의 조그만 카페 창문 밖을
서성이던 찬란한 여름빛들아, 안녕

더는 내 것이 되지 않는 서투른 글자들아
너희들도 안녕

이해받을 수 없는 언어들을 남겨두고
나 이제 먼 길을 떠나려네

꽃잎 끝이 하얀 붉은 다알리아
햇살에 갇혀 빈 뜰에 혼자 남았네

강여름
본명 : 강정식
고려대학교 국어국문학과 졸
2024 가온문학 신인상

사랑 외 2편

김 건 식

평생을 너 하나만 죽도록 사랑했다
오가며 마주쳤던 인연의 소중함을
전생의 인연이면서 운명이라 여겼다

한세상 고이 살다 저세상 가는 길에
미련과 아쉬움이 없기야 하랴 만은
나 죽어 다비하는 날 사리로 말 하리라

삶의 여정

비개인 호수 위의 저녁놀 바라보며
지나간 내 인생을 돌이켜 반추하니
젊은 날 앞만 보면서 달려왔던 내 인생

공명을 구했으나 얻은 건 하나 없고
병마에 시달리며 견뎌온 삶의 여정
그나마 심취한 것은 시조와의 짝사랑

불의와 타협 않고 올곧게 살자 했던
무모한 몸부림을 세상은 외면했고
나에게 남은 것들은 상처뿐인 정의뿐

이제는 내 인생의 마침표 찍을 시간
못 이룬 문학관의 모습을 그려보며
지나친 욕심이지만 문우들을 믿는다

세월의 뒤안길

억겁의 세월 속에 인간의 일생이란
찰나의 시간이며 눈 깜짝 사이인걸
하루가 너무 길다는 하루살이 저 능청

어차피 인생이란 하룻밤 꿈인 것을
길다면 긴 것이며 짧다면 짧은 것을
진시황 동박삭이도 거쳐 간 길인 것을

긴 세월 살기보다 하루를 살더라도
네 눈에 눈 맞추며 살다가 가고 싶다
찰나와 억겁의 세월 무슨 의미 있으랴

 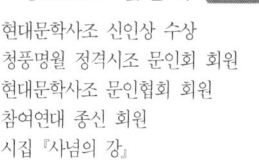

사향(思鄕) **김건식**
현대문학사조 신인상 수상
청풍명월 정격시조 문인회 회원
현대문학사조 문인협회 회원
참여연대 종신 회원
시집 『사념의 강』
청명늘봄 작가상

하회 마을 외 2편

김 병 학

맑은 물줄기 돌고 돌아
다시 되돌아가는 곳
세월도 가지 못해 그 자리 맴돌고
구름도 가지 못해 머뭇거리니
이름 그대로 하회라 하네

낡은 기왓장이 붙들어 놓은 세월
대문 열고 들어서니 옛사람이 된 듯
성현의 말씀에 옷깃 여미네

부용대에 높이 올라 굽어보니
흐르는 물줄기는 오늘도 돌고
흘러가는 구름도 옛과 같은데
선비의 곧은 정신 어디로 흘러갔는가
아래 세상은 어지럽구나

빈집

할머니 할아버지 부모 형제들
어린 조카들까지 가득 살던 그 옛집
새벽까지 밤을 혼자 지킨 외로운 굴뚝
모락모락 피어오르는 연기 하루를 열고
왁자지껄 요란한 아침을 열던 웃음소리

달 밝은 밤이면 동네 총각 모여서
화투놀이로 밤을 새우던 사랑방
혼자서 집을 지키던 삽살개 귀여웠지
그곳은 내 마음에 한 폭의 고향 풍경
내가 꿈꾸며 자라왔던 곳

줄달음에 오르던 뒷산의 진달래
가재 잡던 골짜기 맑은 물소리
꽃밭에 백일홍 저녁시계 분꽃
쓸쓸한 빈집에 찢어진 창호문도 그립다
그래도 못 잊어 가지 못하는 노년은
공원 벤치에 혼자 외로운 도시의 이방인

두고 온 고향

내가 떠나온 서천 산골 마을
골골마다 맑은 물줄기
산등성이 조각구름처럼 핀 산벚꽃
올해도 잊지 않고 곱게 피었겠지

언덕 넘어 등굣길 따라 울던 산새들
내 인생 후편이 궁금하지 않을까
지금도 그 산을 지키고 있을까

훌쩍 떠나서 갈 수 있는 그리운 내 고향
뭉게구름 따라 훨훨 날아가면 되련만
먼 하늘만 한없이 바라보고 있네

김병학

1939년 충남 서산 출생
서산고등학교 졸업
㈜신진금고 제작소 30년 근무
현)시창작 교실 7년차 수업

노숙자 외 2편

김 수 영

낙수가 떨어져 내리는 뒷골목
빈터가 되어주는 바람이었나
안개꽃에 에워싸인 장미가 눈물자국 끌어안고
안주 없는 술 한 잔으로 주제 없는 시를 써 내려간다
뼛속까지 찬바람이 사제의 성수가 뿌려지는 날
하늘빛은 지하도 구석자리에 들개처럼 웅크리고 누워있었다
초점 잃은 눈으로 빌딩 사이를 서성이던 발걸음
툭툭 차이던 추억들이 베고 누운 세월
깨어날 아침을 모르는 채 꿈틀거리는 밤
등허리에는 임자 없는 물감으로 희미하게 덧 칠해진
동녘 하늘이 위태롭게 매달려있다

아버지의 걸음

그렇게 한 발짝 또 한 발짝
오르내리며 살았는데
당신과 마주치면 일꾼이 되고
나에게 비추면 후회가 되는

다시 한 계단
또다시 한 계단
나와 다르게 오르신다
무작정 오르는
탁주 한잔 앞에 놓고
빗방울 헤아리던 아버지

삶이 고달플 때
가슴 한구석 여백이 있는지
고집을 버리면 편지가 되고
체면을 버리면 향기가 되는 당신

힘들고 지칠 때
생각나는 한 사람
당신은 그늘을 비춰주는
햇살이고 이슬 같은 힘을
실어주는 나에게 희망의 등불
그 이름 아버지

은갈치를 낚다

부푼 꿈 안고 여수행 기차에 올랐다
도착한 곳은 작은 부둣가
지인 몇 이서 낚싯배에 올랐다
꿈에서만 생각하다 눈으로 보고 짐짓 놀라면서
이런저런 생각에 잠겨본다
긴 싸움의 결투 끝에 은빛 갈치가 걸려 올라온다
갈치는 하얀 칼날을 세워 물을 자르지만
잘라진 물은 하얀 피를 흘리며 되붙었다
잡은 갈치를 회 떠 맛을 음미한다
바닷속을 수천만 번 가른 칼은 쫄깃하였다
나는 무엇을 벼르며 칼을 갈고 있는가
무딘 시의 칼로 베일 폭력은 있기나 한가
나의 시는 언제나 쫄깃해질 것인가
오늘 밤도 쪽배에 앉아
시 한 수 낚고 있다

김수영

75년 충남 천안 출생
문학고을 시부문 등단
문학고을 신인문학상 수상, 신인 우수 작가 수상
글빛문학 회원
첫 시집 『공구들의 노래』

그러려니 외 2편

김 종 천

다정한
그 미소도
이제는 멀어지네

한때는 통했지만
기억만 아득하네

이때쯤
헤어지자고
약속했던 것처럼

가는 이
곤란하게
억지로 잡지 말고

저물녘 구름처럼
맘 편히 보내주세

온 듯이
가는 인연이
붙든다고 안 가랴

소도(蘇塗)

지치고
외로운 날
은밀히 숨어들어

앉아만 있는데도
저절로 풀어질 곳

폭풍이
불던 마음도
잠재우는 그 장소

남몰래
찾아들어
눈 감고 마주할 때

소란한 천둥소리
비바람 잦아든다

숨어들
공간 하나면
다시 웃을 날 있다

마음이란

끌리면
열게 되고
미우면 닫게 되며

좋으면 따라가다
싫으면 돌아선다

없지도
있지도 않은
공기 같은 저 무게

힘들 땐
놓게 되고
때로는 먹게 된다

아파서 울다가도
웃다가 나아진다

있지도
없지도 않은
바늘같이 큰 우주

솔뫼 **김종천**

현대문학사조 신인상
현대문학사조 문인협회 회원
삼간 시조 문학회 회원
시집 『뭐가 잘못되었나요?』

급발진 외 2편

김현희

제어할 수 없는 속도로
인생을 몰아붙이는 사람이 있다
거북이와 같이
달팽이와 같이
느릿하게 가는 게 인생의 묘미라고 말하면서
가속 페달에서 발을 떼지 못하고
힘을 들이다가 급발진을 주장하기도 한다
내 탓이 아니라고
나는 정도를 걸으며
최선을 다했다고

나이가 사람을 만든다고 했다
나이 들수록 세월을 짐 진다고 했다
어른은 젊은이보다 앞선
세월의 길을 닦아주어야 한다고 했다
열기 가득한 젊은이가
성급하게 내달리다 낭떠러지를 발견 못하고
추락하지 않게 인도해야 한다고 했다

인생은
한 번 더 두드려보고 건너야 하는
일방통행 징검다리와 같아
스스로 제어해야 한다

시의 행간에서

해가 갈수록 나이테는 복잡한 미로
나를 비추는 조명등은 희미해져 간다

복잡한 미로를 헤매느라
길게 끌고 나갈 시를 쓰지 못한다

오직 한 사람만 사랑할 때는
오직 한 사람 때문에 잠 못 이룰 때는
미치도록 사랑한다고
죽도록 사랑해야 한다고
끈적끈적하고 길게도 썼다

시 속에서 소멸한 오직 한 사람
나는 공포를 느끼기도 한다

시 쓰는 게 무슨 죽고 사는 일인가
툭 털었다가도
허공에 떠도는 문장을
지면에 옮기지 못하는 답답증

시를 팔아 빵을 살 것도 아닌데
글 쓰는 것에
시 쓰는 것에
심한 중독에 빠져
자다 깨면 답답증에 허공을 휘젓는다

어쩌다 한 편
짧은 시라도 눈에 잡히는 날이
있을 거라는 믿음으로
시의 행간을 헤맨다

휘이

널브러진 시월의 잔해들은 곡해하는 법을 모른다
색색깔로 피어있는 꽃들의 버무려진 향기에도
그저 도탄에 빠지지 않은 자연에 감사할 뿐

뾰족한 부리로 시월의 잔해들을
쪼아대는 시뻘건 거품들
휘이
후쳐도 날지 못하는 방아머리를 매단 조류들

원망스러운 문장들을 밤새워 나열해도
어제와 다를 바 없는 오늘
갈기갈기 해져버린 천 쪼가리로는
기워도 기워도 감출 수 없는 상처

식어버린 숯덩이를 파헤치는 꼬챙이만 봐도
되살아나는 상흔
땅에 떨어진 시월의 이파리들은
젖어 나뒹굴지도 못한다

* 후치다 : 내쫓다의 방언

김현희

다솔문학 회장
한국문인협회 회원
현대문학사조 편집위원
안중근의사 의거108주년 기념 전국학생백일장 시부문 심사위원
2016년 서정문학대상 수상
문예계간 시와수상문학 2017년 문학상 수상
2020년 현대문학사조 작가상 최우수상 수상
제6회 배기정 문학상 수상
2024년 현대문학사조 작가 대상 수상
서울지하철 승강장안전문 공모 시 9편 게재
개인저서 『달팽이 예찬』, 『어둠이 말 걸다』, 『생선살 발라주는 남자』, 『노루 꼬리가 길면 얼마나 길다요』, 『옹이박이』

가리비 외 2편

민 병 락

식탁에 꽃이 피었다
빗살 무늬 끝에
보라색 물들이고

양쪽으로 벌어진 입
도톰한 속살에 검은 점

찜통 위에 가리비
한입 맛보니
내가 너로구나

바다향이 식탁으로 초대되었다
맛의 향연(饗宴)
눈 감기우는 순간의 행복

내 지친 영혼이

창가 따뜻한 햇볕에 머물 때면
나는 그대의 사랑을 그린다

속삭임 속
그대 얼굴
내 가슴속에 묻어두고 싶다

청초하고
아름다운 그대 모습

머나먼 여정의 시간
고독 속에 멈추기를 바라면서

무슨 꽃인가

긴 겨울 창가 한구석에 틀어박혀 있다가
어느 결에 붉은 꽃을 피웠다

줄기에 온통 가시로 뒤덮여 손도 못 대게 한다
가까이 보니
줄기 끝에 푸른 잎 위로 가지를 쑥 올리더니
붉은 꽃잎이 앙증스레 피었다
꽃잎 속에 까만 점 하나 찍고
동그란 하트 두 잎 겹쳐 피었다
백일 지난 아기 볼같이 탐스럽다

가시가 많아 책상 위로 올리기 꺼리었는데
가까이 보니 꽃이 너무 예쁘다
고난(苦難)을 깊이 간직한다는
꽃기린이란다

가시에 찔리는 수가 있으니
적당한 거리를 유지하고 사귀라는 뜻의 꽃인가
조금 떨어져 눈으로만 보니
서로 좋겠지
좋은 사람이라고 무턱 대고 가까이하다 보면
실망하는 사람이 그 얼마인가

기린처럼
목이 긴
꽃기린
너무 예쁜 꽃
거리를 두니 더 예쁘다

치운 **민병락**
현대문학사조 신인상 수상
현대문학사조 문인협회 회원

가는 봄 오는 봄 외 2편

박명래

다시 돌아 갈 수 없는 길을
가는 우리들

호숫가를 산책하면서
수면 위 잔물결 사라지듯
나이 주름 잠시 잊어 본다

샤워를 하고 나면
풋풋한 복숭아 닮은 볼
옛날의 젊음이 돌아온 듯

클래식 음악을 들으며
레드 와인 한잔 들고
내 가슴 꽃 피는 봄을 본다

계곡물은 강으로 천리를 흐른다
호숫가를 걷는 가는 봄, 오는 봄

식물학대

소나무 모과나무 느티나무...
춘란 한란 풍란...
수석과 어우러진 분재
전시장 찾은 동호인들 감탄, 또 감탄한다

분재사는 식물의 본성을 무시한다
성장을 억제하고 가지를 잘라내고
철사로 줄기 가지를 뒤틀고 칭칭 감는다
돌에 붙이고 꽁꽁 동여맨다
제한된 햇빛 물을 공급한다
오로지 명품 분재만 생각한다

자유는 없고 사육만 있는 분재
고향을 그리며 죽어가는 분재

식물학대만 존재하는 분재원에서
선택받은 분재
사랑받는 분재 인간

차이

행동하는 사람은
결승선에 가있고

생각만 하는 사람은
출발선에 서있다

박명래

충남 논산
성균관 대학 졸업, 국방대학원 졸업, 해병대 대령 전역
(주)한전산업개발 사회이사, (주)중앙고속버스 본부장
세계환경문학협회 등단(22년 3월)
세계환경문학협회 상임이사
현대문학사조 자문위원

어머니 외 2편

박 상 철

가족들 삶의 울타리를 지키기 위해
생존의 모진 길 이겨 내시고
승리하신 자랑스러운 어머님

덜컥 들어앉은 병마에
고통스러워하시면서도
괜찮다 다 산 나이인데
수술을 위한 병원행은
죽어도 싫다고 하신다

아들은 울음을 삼킨다
자식들 병원비로 골병들까 봐
모진 삶의 마무리도
당신 몫으로 하시련가

평생을 독하게
굳건히 지켜오셨건만
여명의 촛불은
가늘어지고 있다

고향

고향 산천에 살아온 이들은
고향에 대한 그리움 때문에 울지 않는다

타향의 삶이란 고향을 가슴에 묻어둔
눈물로 마른 그리움이 켜켜이 쌓이는 것
향우회 정겨운 시간이
목마른 그리움을 달래고
웃음꽃으로 피는 까닭이다

동향 사람들은
절절한 그리움을 함께 풀어놓고
탯말의 원초적 대화로
맛깔스러운 하루가
저문 줄도 모른다

애환과 사랑으로 점철된 울림은
회색 도시의 불빛 속
희망의 메아리가 된다

진정한 그리움은
사사로운 것이 아닌
탄생을 기억하는
고향에 대한 향수가 아닐는지요

사랑의 꽃이 피다
- 축시

내게 소중한 사랑하는 큰아들 동훈아
내가 금지옥엽 사랑하는 큰 딸 미진아
사랑의 꽃이 활짝 피는 아름다운 날
기쁘기 그지없구나

방방곡곡 축하의 마음이 하나 되어 행복한 오늘
세상은 꽃보다 곱고 사랑스러운 너희들에게
격려와 축복을 담은 열렬한 박수를 보내고 있다

동토를 뚫고 우뚝 서는 새싹처럼
희망찬 기쁨이 샘솟는 시간
부디 스스로 용솟음치는 열정으로
세파를 이겨내고 승리하여라

장남 장녀로 태어나 기쁜 삶을 나누고 빛내고
소중한 부부의 연으로 서로 사랑하고 아끼는 마음처럼
고마운 세상을 크게 사랑하거라
내일의 세상은 곧 너희들 것이 될 것이다

지구의 하늘이 높고 땅이 넓고 바다가 깊은데
우주는 더없이 무한하다
무한한 사랑의 정으로 감동으로 덕망으로
길이길이 만대로 이어 곱게 곱게 빛나거라

海心 **박상철**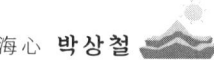

현대문학사조 시부문 등단(2014)
현대문학사조문인협회 자문위원, 사)한국문인협회낭송위원회 위원
사)한국문인협회 전남지회 이사, 사)한국문인협회 완도지회 이사
사)한국예술문화단체총연합회 완도지회 이사
시집 『우주의 꽃』
동인지 『시인의정원』, 『현대문학사조』 등 다수

어머니란 이름 외 2편

백미숙

댓돌 위 올망졸망 꼬꼬신 여덟 켤레
따뜻한 명지바람 쓰다듬는 봄이건만
어머니 애옥살이는 바쁘기만 합니다

배고픈 보릿고개 움켜쥔 허리춤에
초록향 물씬나는 밀가루 보리떡을
시렁 위 올려놓고는 오달지게 웃으시던

숨기지 못한 세월 에움길 돌고 돌아
지청구도 그리운 막내딸 가슴 가득
내 삶의 화양연화로 오시었네 어머니

찔레꽃

달보드레한 그대 향기에
온몸 맡기고
도담도담 걸어가요
망각의 시간 속으로

그대는 바람인가요
햇빛인가요
꿈인가요
한올 가득 온세미로* 그댈 느껴요

호젓한 강둑 따라 찔레꽃 붉고
꿀벌들 사랑놀이 아찔한 오후에
문득
가슴 가득 안겨 오는 촉촉한 해윰*

보고 싶다
그대!

* 온세미로 / 자연 그대로
* 해윰 / 생각

아차산의 봄

아차산 올라보니 고구려가 들썩인다
바보온달 평강공주 전설이 깨어나고
전쟁의 격전지 고함소리 요란하다

아픈 전쟁의 상흔들만
아차산성 보루에 남아
삼국사기 뒤적일 때
낙화는 차라리 눈물이다

세월을 잊은 듯 홍매화향 백 리인데
어느새 꿈속인가 평강공주 납시었다

지우(智優) **백미숙**

한국문인협회 회원 / 현대문학사조 문인협회 부회
대통령기 제26회 국민 독서 경진대회 일반부 우수
제6회 독서 생활화 독후감 부문 문교부 장려상
2010 한도시 한 책 읽기 독후감 장려상, 제20대 정
현대문학사조 문학 대상 수상
시집 『그대 기침하셨는가』 『고립, 조율의 시간』

실새삼 외 2편

서 정 원

어디서부터
누가 먼저 시작했는지 모른다
이 넓은 세상에 뒤죽박죽, 얽히고설키고
가던 길 꽉 붙잡아 멈추게 하고
저 높이 오르던 꿈에 못을 박았다

너도 나도
이 헝클어진 실타래
어디에서부터 실마리를 찾을까
네 탓인가, 덕분인가
세상 참 저 홀로 살 수는 없는가 보다

참나리

에헴
나리 납시요
길을 트시오
진짜 나리, 참나리

어흥
호랑이 납시요
길을 비키시오
호랑이 나리 참나리

할아버지의 할아버지
담배 피우던 호랑이 지쳐 늘어진
7월의 뜨거운 여름이 찾아왔다
그 속으로 피서를 떠난다

개똥수박의 꿈

이른 여름
타는 갈증을 한 번에 식혀주는 과일
매번 수박을 먹을 때면
그 빨간 속살 다음으로
까맣고 반짝반짝 윤이 나는 씨앗에 눈이 간다
순식간에 두꺼운 껍질이 쌓이고
검은 씨앗들이 쏟아져 나온다

난 결코 쓰레기가 아닌데
수박을 먹다 말고 이들을 이끌고 텃밭으로 간다
왠지 꼭 심어서 이들의 꿈을 보고 싶어서
보라
어딜 봐서 내가 개똥수박인가
청출어람이라는 말도 있지 않는가
7월의 여름, 뜨겁게 익어 간다

청림 서정원
2021년 봄 현대문학사조 시 등단
2022년 봄 현대문학사조 시조 등단
현대문학사조 문인협회 부회장
다솔문학 부회장
숲 해설 및 약용식물 밴드, 보릿고개 산야초마을 카페 운영
블로그 : https:m.blog.naver.com/seojw1963

고향이 뭐길래 외 2편

석용호

고향! 떠오르는 것은
봄이면 뒷동산에 올라
진달래 꽃잎따서 먹고

여름이면 개울가에 미역감고
가을이면 알밤찾아 뒷동산에
겨울이면 논바닥에 팽이치던

고향찾아 가는 날이면
아버지는 마을 입구에
어머니는 대문 앞에서

오랜만에 찾아온 고향에는
부모님은 먼길을 떠나셨고
이방인만 오가는 타향같다

고향을 떠날 수는 있어도
고향을 버릴 수는 없는곳

수리산 산중의 삶

오가는 차량은 많아도
찾는이 하나도 없는 수리산의 삶

하늘을 바라보니
뭉게구름만 말없이 흘러가고

지난날의 쉴틈 없이 울리던
휴대폰은 깊은 잠에 빠져들고

창밖에는 하얀 눈꽃들이
낙엽처럼 채곡 채곡 쌓여만 간다

세상에 떠밀려 이곳에 왔는지
세상이 자신을 버려서 왔는지
나홀로 찾아서 스스로 왔는지

어느덧 수리산 산중의 속에서
녹아서 사는지 십오년 세월들
쓸쓸한 낙엽처럼 이리로 저리로
뒹굴며 살아가는 산중의 삶이여

인연도 강물처럼

옷깃만 스쳐가도
우리는 인연이라 하였다

그렇게도 쉬워 보이는 인연도
한곳에만 머물지 않고 흘러간다

강물처럼 흐르며 가다가도
좋은곳을 만나면 쉬었다가 떠난다

아무리 잡아 두려해도
잡히지 않는 것 또한 인연이다

너무 많은 것을 얻으려 말고
너무 좋은 것을 챙기려 말고
너무 내것 처럼 탐하지 말고
낚시 하듯 잡아 당기려 말고
강물 흐르듯 그냥 그대로 흐르면
좋은 인연을 만나 행복을 누린다.

石花 **석용호**

출생지: 충북 제천
한국도로공사 33년 재직
한국도로공사 수리산터널관리소장 재
월간모던포엠 신인상 등단(2009년),
한국문인협회 정회원(현.경기광주지부
현대문학사조문인협회 자문위원,
2013년 현대문학사조 작가상 대상 수
제12시집 『후회없는 황혼』 외 다수

봄날을 가꾸다 외 2편

성옥분

봄 햇살이 먼저 와서 기다렸다
옥상 한쪽 귀퉁이에 내가 만든 작은 텃밭
겨우내 갖가지 과일 껍질 계란 껍질 섞어
흙을 실어다가 부드러운 땅을 만들었다
쑥갓 상추 시금치 고춧모까지
작은 텃밭 내 한여름을 심었다

심지 않은 채송화도 찾아왔다
어서 와, 쬐그만 것이 추운 겨울 잘 견뎠구나
괜찮아 채소도 좋고 꽃도 좋으니까

오늘도 흙을 고른다, 하늘 가까운 옥상에서
내 인생의 봄날을 가꾼다

난향으로 오시는 이

곱게 피어나는 연녹색 아침
밝은 햇살 반겨 오르는 꽃대
당신 떠난 후 오월이 오면
잊지 않고 향기로 찾아오네요

당신이 꽃으로 왔구나, 생각하고
그 앞에 앉아서 주고받는 대화
서글서글한 눈길에 빠져듭니다

당신은 멀리 갔지만 보내지 못한 마음
동양란 선물 들고 들어서는 당신
오늘 밤 꿈에 만날 수 있을까요?

조팝꽃

양지바른 어머니 산소
흐드러지게 핀 조팝꽃

너울너울 흰 구름과
봄놀이 한창이다

조팝조팝 하얀 어머니 얼굴
은은한 향기 어머니 숨결

사무치게 그리운 어머니
내 마음 봄날에
조팝꽃 하얗게 핀다

성옥분
경기도 여주 출생
지구문학 수필 등단 (2018)
지구문학 시 등단(2020)
첫시집 『난축이 올라』 (2021) 출판
지구문학회 회원, 지구문학회 이사

네일 아트(nailart) 외 2편

신 동 진

당신은 마음껏 다 누리고
살아야 합니다
하루하루가 아깝잖아요
당신은 너무나 소중하고
아름답습니다
누구라도 반할 것 같습니다

손에 물 묻히면 안 됩니다
누가 길을 물으면
손가락을 길게 펴서 대답하세요
사랑하면 안 될까요
입술을 가리는 손끝으로
봉숭아 꽃이 피었습니다

미련 (未練)·2

호랑에 손 넣어 봐도 잡히는 게 없다
서랍에 넣어 놓은 것도 아닌데
맥없이 뒤적뒤적
세월이 약이겠지 하면서도
옹알이 신음 소리
잊은 줄 알았는데
그것도 아니었나 보다
단것은 단것 대로
쓴것은 쓴것 대로
오히려 긴 시간 더 숙성되었다
어둑어둑 골목길
전봇대 앞에 홀린 듯 서서 곱씹어도
홍역은 한 번 이면 족하리
초라하게 새어 나오는 불빛에
허상(虛像) 이 길게 누워있다
오호라
잊은 것이 아니라 묻어 둔 것이었네

강아지 풀

좁쌀 없는 조를 닮았다
고개 숙인 것까지
개 꼬리가 없었으면
뉘 가 알리
조 인지 강아지 풀 인지
솜털 같지만 어지간히 센 꼬리로
팔다리에 스치기만 해도
간지러워 온 사지 뒤튼다
곰삭고 있는 여름이 가는 길 목에서
가느다란 긴 목 빼고
오실 님 기다린다

신동진
현대문학사조 등단
현대문학사조 문인협회 회원

연인 외 2편

신송윤

달라진 것 아무것도 없다
네가 내 앞에 있을 뿐이다
모든 것이 아름답고 새롭다
달라진 건 아무것도 없다
네가 내 곁에 없을 뿐이다
모든 것이 시들하고 빛을 잃어가고 있다

어머니 만나던 날(어머니 미소)

재봉틀 돌아가는 소리
옷감 여기저기 뒹군다
한참 후 내 앞에 원피스 한 벌
옷을 입었을 때 나보다 더 환한 미소

식사시간
밥상을 둘러앉아
숟가락 젓가락 쩝쩝 소리 요란하다
맛있게 먹고 있는 우리를 보며
마냥 웃으시는 행복한 미소

잠들려는 내 손을 살며시 잡고
장래 훌륭한 사람 되라며
기특해하시는 건강한 미소

옷을 입히며
음식을 먹이며
학교를 보내며
마냥 행복해하시는 내 어머니
감사합니다
사랑합니다

그리고 오늘 눈물겹게 그립습니다

돈

돈이여
지금까지 밤낮으로
내가 그대를 쫓아다녔습니다

이제 그대가 나를
아주 열정적으로 따르십시오

신송윤
현대문학사조 등단
현대문학사조 문인협회 회원

황혼 외 2편

신 희 목

해거름
저녁나절
후미진 낡은 포구

버려진
폐선 한 척
닻을 베고 누워서

세월을
짊어진 시선
푸른 바다 누비네

동부꽃 연가

밝그레 봉오리에 이슬을 머금고서
입술에 묻어있는 그 이름 부르노라

당신은
꼭 오고야 말
행복이라 하지요

불지않는 바람아 작열하는 태양아
푸석한 가슴팍에 피어난 꽃 한 송이
철없이 피었다 지는 꽃이 아니랍니다

그 이름 부르다가
오는 이 없다 해도
꿈 많던 사랑앓이 영글어 가렵니다

오늘은 못 오노라면 내일을 기다리며

우미인초

다홍과 하양 인연
얼싸안고 피어나
바람이 불 때마다 낭창이는 허리춤
네 이름 무엇이었지 너 하나만 보였어

성가신 바람이랑 추근덕 소나기 뒤
상큼한 네 모습이 이리 고운 것이더냐
아침을 맞을 때까지 네가 그리울 거야

밤새워 생각해 낸 너 닮은 사람 하나
그 사람도 너처럼 다홍색 좋아했지
희나리
젖은 가슴에
솟아나는 그리움

木耳 신희목 申熙睦

경북 의성 출생, 현재 경기 안산시
초동문학예술협회(시) 등단, 현대문학사조문인협회 편집위원
다향정원문학협회 신인상(시) 수상, 강원경제신문 코벤트가든문
학상 대상 수상(토지문학, 강원경제신문사 주관), 대한민국 독도
문예대전(시) 입선 2회, 서울시 지하철 창작시 공모전 2회 선정
산해정인성문화진흥회(시화) 선정, 글벗문학백일장 장려상(시조)
수상, 현대문학사조 문학 최우수상 수상
저서 : 제1시집 『그대 잘 있나요』 제2시조집 『바람길에서』
제3시집 『짱아』, 제4시집 『기차는 바다를 향하고』
제5시집 『달을 닮은 풍등』
E-mail : hoick99@naver.com

잠 못 드는 밤 외 2편

안효겸

시커먼
커피 물에
낚싯대 던져 놓고

꿀잠이
입질할까
눈알이 말똥말똥

허탕 친 퀭한 두 눈이 쓰라리고 아프다

수염이 돋는 까닭

입가에
울타리를
하얗게 치는 것은

한마디
말이라도
신중히 하라는 뜻

떠나간 무색 화살은 걷잡을 수 없으니

기죽지 말자

태풍이
겁박하며
못살게 괴롭혀도

잠수함
모습처럼
성격을 묻고 살자

언젠가 화창한 날이 모두에게 올 테니

송담 **안효겸**
현대문학사조 시조 등단
청풍명월정격시조문학회 회장
현대문학사조문인협회 충청지회장
시조집 『솟대에 걸린 들꽃 향기』, 『시를 낳는 옹달샘』

봄의 날개 외 2편

양상구

거친 바람에 백설은 휘날리고
종종걸음으로 한 걸음 한걸음 내디뎠던
긴 겨울이 손을 흔든다

우수가 지난 오늘
앙상한 나뭇가지 위에서
봄을 위한 기도를 하는지
새들의 소리가 정겹다

기다림의 날이었던가
여백이 없던 가슴 언저리에
그때의 사연들이 손짓을 하고

수평선 저 끝 바라보며 걸어온 세월
가슴 저리는 사연과 인연이
이젠 가슴에 허무로 남았지만
아직도 그 뜨거웠던 목마름에 취해
아름다웠던 삶 가슴에 품고 있다

택배

새벽 4시
새소리조차 들리지 않는 고요
미련의 끈을 붙잡고 별빛에 취해 있었다

어디선가 가까워지는 자동차소리
가로등 불빛을 밀고 들어오는 트럭
집 앞에 멈추며 자동차 문이 열린다

유심히 봐도 얼굴이 구별 안 되고
뒤 문을 열며 상자하나 내려놓고
쏜살같이 차에 오르자마자 사라진다

다시 적막은 흐르고
어둠만이 가슴을 지워 짠다
숙면의 시간 무슨 권리로 쉼을 역행하는지

모두 잠든 세상
삶의 끈 붙잡고
새벽바람을 가르는가

미련

시선을 잡아당기는 아침은
초연처럼 또 다른 삶을 주었지만
욕망과 패기의 올무에 묶여
벗어날 수 없는 깊은 늪에서
욕심 덩어리
한 겹 한 겹 껍질이 벗겨졌지

꿈틀대는 미련은 충혈된 동공으로
하늘을 찌르듯 호흡을 멈추지 않았고
이기적인 삶의 연속이었지
이젠
무너지는 육신 추스르며
비움의 날개로 훨훨 날고 싶다

 채운(綵雲) 양상구

스토리문학 등단
한국문인협회 복지위원
한국국제PEN 회원
현대문학사조 발행인
도서출판 채운재 대표
시집 『인연, 그 흔적』

가을날에 외 2편

유 나 영

가을은 넓은 하늘을 스케치하는
넉넉함이 있어 좋다
청명한 날을 거느리는
바람은
산천을 굽이돌아
나부낌이 있어 좋다

물소리
바람 소리
옛날이 있어서 곱고
가을 길을 걷고 있는 것은
그리운 날을 부를 수 있어 좋다

가을날에
길을 걷고 사유하는 것은
넓은 하늘 곁이어서 좋다

만경강 유역에서

세월은 가고
역류할 기미마저 없어서
나는 아파할 뿐 아니라
울고 있습니다
울음 섞인 물줄기는
쏴-아
고함을 치듯 소리 내어
나보다 앞서 울고 있습니다

돌무더기 사이에 묻혔다가
돋은
풀잎이
옛 일을
끄집어 내놓고 부르면서

곡예사의 줄타기보다
아스라이
밀린 정에 사무치고
나는 밤별이 뜨는 시각의
뒤켠에서

세월 간 물줄기의 흐르는 소리를
귀에 담아 놓고 있습니다

개구리의 죽음에 이르러

우물가에 나아가 보았더니
개구리 한 마리
물장구치며 놀고 있어서
나는 시샘 어린 눈으로
개구리에게 돌을 던지고 말았습니다

우물가 물속 깊이
투명한 빛살이 너무 고와서
개구리의 수영이 한참인데
나는 재미 삼아서
개구리에게 돌을 던지고 말았습니다

그리하여 나는 투명한 물속
맑은 물을 바라보고 있을 때
내 시샘이
개구리에게 죽음을 불러 들이었습니다

삶이 무엇인가
삶의 행실이 무엇인가
나는 어리석은 재주로부터
비극을 가꾸고
사람에게 있어서 귀중한 마음을 잃었습니다

유나영

한국시 등단, 현대문학사조 시조등단
한국문인협회 회원
현대문학사조 문인협회 편집위원, 부회장
익산문인협회 회원
시집 『풀섶에 앉은 이슬』 『코로나19가 삶을 가로막는가』 외 다수
시조집 『어느 화가의 초상』 외 3편
현대문학사조 문학작품상 최우수상 수상

풀꽃 사랑 외 2편

유일종

작은 꽃잎에 이슬방울 달고
바람에 간들거리는 작은 풀꽃
이름을 모르니
그냥 풀꽃이라 부른다

장미보다 백합보다
소박한 작은 꽃이 사랑스러워
아침 햇살이 하얗게 웃는다

내일도 모레도 날이 날마다
그렇게 소녀처럼 웃어라
가슴 설레는 내 사랑 풀꽃

당신의 향기

늦가을 들길에 나서다
조금은 초췌한 모습 잔잔히 웃는 들국화
서늘한 바람에 반가운 몸짓으로
청순한 얼굴로 반겨 주는 꽃

향기를 잃어 떨고 있어도 꽃이지
사랑하는 여인이여 아름답던 그 시절
은은히 풍기는 당신의 향기를 기억합니다
생기 넘치던 검은 머리 떠올리며
그대만을 사랑합니다, 이 세상 끝까지
내 마음에 오래도록 피어있기를~~~

채송화

꽃밭 가득 피어있는 채송화
유년의 내 소꿉동무 같은 꽃
간절한 그 눈빛
누구를 기다릴까

연지 곤지 앳된 얼굴
분홍치마 노랑저고리
새신랑 기다리는 새색시 마음
손잡아 달라는 눈길이다

오가는 이 없는 쓸쓸한 곳에서도
기다림을 즐기는 작은 꽃
발그레 웃음 짓는 순아 얼굴
나의 발걸음 멈추게 하네

유일종
전남 나주 출생
서울시 행정 사무관 정년퇴임
2025년 현대문학사조 신인상(시)
현대문학사조 회원

33년생 외 2편

유 정 상

가족들 모두 떠난 홀로인 고향엔
그녀 친구는 33년생 닭띠 셋
하루가 멀다고 서로 안부 묻더니만
건넛마을 옥구떡은 팔십초에 먼저 가고
마실 길 발맞추며 왁자하던 대송떡은
구순을 못 넘기고 코로나 때 이별하고
요양병원에 실려 간 뒷집 살던 친구는
살아서는 볼 수 없을 거라며
얕은 숨을 뱉어내며
애달프게 친구 집을 바라보던
이태 지난 어느 날
자식들 거느리고 집에 다녀갔단 소식에
신발도 거꾸로 신고 허둥허둥 보러가다
걸음 문득 멈추고
고개 돌려 침 한번 삼키더니
깊은 신음 뱉어내며 눈물 그렁하시네

엄나무

1
그녀가 살던 집에 들어서면
마당 귀퉁이에 엄나무 한 그루가 서 있다
무릎 연골 수술 후 요양병원에서 여름을 나던 몇 해 전
그녀를 잃어버린 엄나무는
망연한 무기력에 나뭇잎이 벌레에 갉히는 줄도 모르고
한 철이 지나도록 그녀를 기다리다
겨울나무보다 처참한 나뭇가지에
벌레가 뽑아 놓은 하얀 막들을
찢어진 만장처럼 을씨년스럽게 걸치고 있었다
다시 찾은 그녀와 지내면서 나뭇잎이 햇살을 담아내기까지
대문 앞 감나무는 노을빛 고운 홍시를
그들에게 다섯 번이나 받쳐야 했다

2
그녀가 살던 집에서
햇살은 더 이상 그녀를 비출 수 없고
엄나무는 더 이상 마당을 지나 꽃밭을 오가는
구부정한 그녀의 그림자를 볼 수가 없다
그녀가 만들어 놓은 아궁이에선 온기가 끊긴지도 오래
장독대에 머물던 바람과 햇살과 비와 소복한 눈송이도

이젠 그녀가 있는 곳으로 보내야 한다
진달래꽃은 그녀가 앞산에서 챙겼을 것이다
거칠었던 손이 태어날 때처럼 보드라워진 그녀는
당신의 생일날에 꽃잎처럼 보드라운 손을 가지고
국화꽃 하얗게 핀 꽃 길 따라 돌아갔다

3
그녀의 흔적은
아이가 있는 집 벽지의 낙서처럼 여기저기서 볼 수 있지만
그녀의 예쁜 입술로 더 이상 나를 불러 줄 수 없다
요양원에 누운 그녀가 며칠째 말이 없고 음식을 거부하다
나를 보고 '막둥이잖아'라는 한마디 후
눈에 나를 담던 눈동자는 토란잎 위 물방울보다
슬프게도 맑았다
그녀가 없는 집에서 보일러 돌아가는 소리와 밤을 지새우고
별이 초름한 새벽에 짐을 챙겼다
아무리 기다려도 그녀는 오지 않는다는 걸
우두커니 서 있는 엄나무엔 말해야 하나
그녀 없는 집안의 불을 끄고 마당으로 나가자
엄나무는 그렁 서린 눈으로 나를 보고 있었다

새비탕

뚝배기 안엔 폭우에 범람한 황토물 같은 국물이
침묵 속에 식어 가고, 몇 줄기 남은 시래기 틈엔 새비 몇 마리가
작은 몸을 빨간 곡선으로 말고 있다

뚝배기에서 운명을 다한 저 작은 생명도
시간이 멈출 때까지 곡절한 이야기가 얼마나 많았을까
살아온 운명이 소설보다 더 소설 같았을 사건들

어떻게 하면 좋을지 말해보라는 장손의 타진에
당신이 팔순 넘어 무릎 연골 수술 후 잃은 입맛을
찾았다는 새비탕을 바라보며
모두가 준비되지 않은 침묵들을 꺼내 놓고 있다

깔끔하게 불살라서 시엄니 묘와 그 앞 작은 밭에 뿌려 달라는
당신의 소원은, 소유권 없는 밭과 묘가 구획 정리와 파묘로 사라져
이뤄질 수 없는 것을 알고는 있는지

쉼 없이 써 내려온 삼만 삼천 장이 넘는 당신의 대하 소설은
요양원에서 탈고되어 고향에서 발간하면, 식장에 온 사람들이
출판 기념으로 안겨준 국화꽃을 보며 환하게 웃으시려나
당황하지 않게 미리 준비해야 한다는 차분한 독촉은
먹먹한 쓰라림으로 가슴을 아리게 짓누르고
당신의 입맛을 돋게 했던 새비탕 앞에서
자식들은 할 말들을 뒤적이고 있다

유정상

전북 김제 출생
부산광역시 거주
현대문학사조 2019년 등단
현대문학사조문인협회 부회장
영남지회장, 영남문인회 회원
은행나무 문학 쉼터 회원

계룡산 외 2편

이상호

뉴런이 불렀을까
태고의 숲의 깊이가
지구의 배꼽임이 감지된다
천기와 지기의 힘으로
온갖 식물과 접하니 엔도르핀이 숲속에서 달려온다

태고의 생명체를 이웃 삼은 식물들
새봄을 알리는 길쭉한 꽃송이가 무리 져 피는 현호색
산자고 정금나무 노루귀 갯메꽃 자귀나무 나팔꽃
할미나무 개복숭아가 빨간 산딸기 주변을 기웃댄다

하늘 높고 숲과 계곡물이 어우러지는 계룡산
신이 되고픈 이들이 머무는 곳
도량을 갈고닦은 세월은
긴 머리와 수염의 길이로 접신의 정도가 가늠된다

지난 추억을 먹고 사는 우리들
옥수의 계곡물이 손잡고
노래 부르며 유영하는 모습을 보며
오늘도 내일도 계룡산의
기상과 정기를 받아 마시고
가슴에 담고 돌아온
추억의 한 페이지는
너풀너풀 나비가 난다

여름이여

망망대해
무언가에 이끌려
네고는 파도가 되어
무엇을 위해 누구를
떠나온 것인가

누구와 무엇의 지시를
받지 않는 바람과 파도는
신선하다
늘 무언가에 이끌려
이리저리 시간을 보내고 있다

바람과 구름 그리고 파도는 형제이다
변화무쌍 바다는 삶의 터전이다
가끔 돛을 펴 보지만
훌훌 자유가 홀가분하다

높다란 하늘을 바라보며
몸을 파도에 맡긴 여름날은 시원하다
어떤 이는 행복하다
누구는 불행하다 하지만
파도가 일렁이듯
높고 낮은 여정일 뿐이다

삼복의 여름이 지나면 가을이 온다
매 순간 행복하다고
바람에게 전하는
네고의 미소는
피안을 바라본다

여름을 끌고

지하 붉은 마그마가 끝없이 솟구쳐
천 지를 뜨겁게 달군다
끈적한 날들 앞에
우뚝 가로막은 벽이 산과 같다

산과 들 나무와 곡식들은
종족 번식을 위해 밤낮이 없다
생명의 본능
파리 모기 러브버그 곤충과 식물들
이보다 좋은 계절 번식하기가 좋다 하는데
그들도 여름이 죽을 듯 더우니 번식을 하는지

모든 동물들은 혀를 내 물며 하루하루 버티는 중
찰나의 나날들을 적응하면서 버티다 보면
해마다 어느새 가을이 와 있을 것이다

춥고 더워도 육신을 움직여야 하는 AI시대
능력이 있으면 AI의 도움을 받고 힘이 없으면
AI의 종이 될 수도 있는 첨단의 시대
주저앉아 선 안 되는 시대
먼 하늘을 바라보며
가슴속에 따뜻한 여름 꽃씨 하나 심어 보자

 導昫 이상호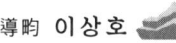
현대문학사조 등단
현대문학사조 명예회장, 한국문인협회 회원, 바다문인협회 회장
현대문학사조 작가 최우수상 수상
시집 『달빛 삼킨 돌이 걷는다』
시조집 『머그잔 속, 별들의 이야기』
동인지 『느리게 느리게』 외 다수

접점 없음 외 2편

이순옥

내 안의 물이
너의 기름 위에 떨어졌다
순간, 무수한 우주가 갈라졌다
같은 그릇에 담겼으나
우리는 늘 다른 쪽으로 굴렀고
닿을 듯 겹치다 끝내 밀어냈다

너는 빛을 품었고
나는 그림자를 끌었다
어떤 밤은 하나가 된 줄 착각했지만
사랑은 응고되지 않았고
현실은 표면장력으로
우리를 되돌렸다

한 방울의 침묵이었다
기울 수 없는 기울임
서로에게 끝내 닿지 못한

덩굴의 심장
― 잊히지 않는 이름, 당신께 바치는 시

저는 자주, 칡넝쿨처럼
달빛을 붙잡으려 애썼습니다
당신은 늘 멀리 계셨고
저는 그 너머 하늘을 향해
몸을 감아 올렸습니다
어지러운 회전 속에서
제 심장은 자라났습니다

당신께서는 담쟁이로 돌아오셨지요
오래된 담장에 기대 시어
말없이 계절을 붙이고
하나씩 잎을 떼어내셨습니다
기억이란 잊는 것이 아니라
겹겹이 덧칠되는 것임을
그 조용한 몸짓으로
저는 배웠습니다

정자 아래, 등나무 그늘
그곳에 당신이 앉아 계셨습니다
돌아오지 않을 누군가를 기다리듯
깊은 눈빛으로 머물러 계셨고

저는 그날 이후
그늘을 그리워하는 법을 배웠습니다

새삼처럼
당신께 매달리기만 했던 저를
용서해 주실 수 있을까요
뿌리를 알지 못한 채
감는 법만 배운 사랑
당신의 숨결에 기대어 살았지만
당신은 점점 투명해지셨고
결국, 어느 날 자취를 감추셨습니다

인동초는 마지막에 피었습니다
모든 것이 끝났다고 믿었던 계절
차가운 바람 속에서도
작고 따뜻한 노래 하나
제 마음에 심어 주고 가셨지요
그게 당신이었는지도 모르겠습니다
겨울에도 사라지지 않는 향기처럼

당신,
저는 여전히 덩굴입니다
무언가에 감기고, 얽히고, 엉켜 살아가는 삶
그 누구도 풀어주지 않는 매듭이지만
그 속에 당신을 닮은 어떤 빛
아직도 환하게
저를 감싸고 있습니다

그러니 당신은 제게서 완전히 떠나신 것이 아닙니다
잎새처럼 흔들리고
바람처럼 스미며 달빛처럼
제 심장 깊은 곳에
조용히… 머물고 계십니다

한탄강, 불의 기억 물의 생

사는 건
사람만이 아니다
돌 틈을 가르며 입 없는 물이
자신의 생을 똑똑히 증언한다

한탄강은 불에서 태어났다
숨 쉬던 용암이 식어버린 그 땅 그 위에 물이 들고 길이 열렸다
사람의 발보다 먼저
나무의 뿌리보다 먼저 강은
이 땅을 지배했다

낮은 데로 흐르되 결코
낮은 삶을 살지 않았다
비에 넘치고 가뭄에 말라붙고
돌에 부서지며 온몸이 찢겨도
단 한 번도 멈추지 않았다

우리는 느끼고 말하고 기억하는 걸
삶이라 부른다 하지만 강은
몸을 굽혀 절벽을 깎으며
묵묵히 자신을 새긴다
그 거센 물길 깊은 협곡
침묵의 흔적들 그것이야말로
삶의 기록이다

사람은 슬프면 운다
강은 슬픔을 삼킨 채 묵묵히
바다를 향해 간다 흐른다는 건
견디는 게 아니다
뚫고 나가는 것이다

月影 **이순옥**

한국문인협회 회원, 경기 광주문인협회 회원,
지필문학대한문학 부회장 및 편집위원
현대문학사조 회장, 종자와시인박물관 운영위원
제12회 모던포엠 문학상 대상 수상
제15회 착각의시학 한국창작문학상 대상 수상
제 1회 샘문한용운문학상 계관부문 우수상수상
제 4호 쉴만한물가 작가대상 수상
2011년 2022년 지하철 시민 창작 시 공모전 선정
2022년 신문예 제 8회 하이데거문학상 본상 수상
2024년 지필문학 작가대상 수상
2025년 현대문학사조 작가대상 수상
저서 : 『월영가』, 『하월가』, 『상월가』, 『개기일식』

어떤 기지국의 안테나 외 2편

이순정

허공에 귀 세우고
말없이 연결하며

파동의 흐름 따라
마음을 파고들어

보이지 않는 울림이
세상사를 감싼다.

기억 가꾸기

수시로
돌봤으면
쉽게도 찾는 것을

깊숙이
숨겨두어
한참을 헤매었네

텍스트
숨바꼭질에
기억 불러 가꾼다.

흩어짐의 아름다움

민들레
홀씨들이
바람을 품어 안고

어디에
머물러도
당차게 살아가며

잔디밭
바위틈에도
환한 웃음 짓는다.

가람애 **이순정**

청풍명월정격시조문학회 회원
현대문학사조 회원
문학의 봄 작가회 회원
시어울 회원
E-mail : zaq9636@naver.com

가끔은 나도 섬이 되고 싶다 외 2편

이 월 호

가끔은
나도 홀로 섬이 되고 싶다

덜어내지 못한 등짐을 내려놓고
풍란의 깊은 향기에 취하고 싶다

철썩, 하얀 파도가 뛰어 올라와서
꾸덕꾸덕한 생각의 옷을 벗기고
굳은살을 도려내고 다독이는 곳

물결에 부딪히는 부표처럼 둥둥둥

통통배 소리에 선잠을 깨우고
바위섬에 핀 하얀 소금꽃과
물새와 조개들의 속삭임을 줍고

파란 물고기처럼 훨훨 유영하고 싶다

외로울 수 있어도 호젓한 섬
가끔은 나도 섬이 되고 싶다

나의 여름 나의 그대

나의 아침을 향기롭게 깨우고
내 하루를 초록으로 물들이며

나의 밤을 여름이라는 이름으로
하얀 집을 지어준 그대 덕분에

나의 무더운 여름은 소나기에 사르르 녹고
톡톡 튕겨 나온 과즙처럼 싱그러워

파란 파도소리와 보랏빛 라벤더 향기 묻은
그대 등에 기대어 울고 싶고
섬 이야기도 듣고 싶습니다

노랑별이 웃고
달맞이꽃이 웃고
달덩이가 웃고
그대가 달콤하게 웃었습니다

간이역에서

낡고 퇴색된 기억 저 너머
늦여름 배롱나무꽃이 진다

그곳은
낯선 시간이 졸고 있는 간이역

녹슨 완행열차는 굴렁쇠처럼
굴렁굴렁 보랏빛 가을을 내려놓고
안개의 정적 속으로 멀어져 간다

우리의
모든 약속이 스멀거리는 간이역
우우, 보랏빛
너를 만나러 간다는 건 행복이다
그땐 그토록 먼 길이었는데

이월호

충남 예산 출생, 대전광역시 거주
좋은문학 창작예술인협회 등단
좋은문학 창작예술인협회 작가상 등 다수
문예세상 신인문학상 등 다수
현대문학사조문인협회 회원
공저 좋은문학, 문예세상 등 외 동인지 다수
시집 『멈칫… 채송화』

어둠이 내린 창원천 외 2편

이 진 희

스트레칭을 막 끝낸 어둠이
종종걸음으로 산을 내려온다
하루를 기다린 외출

걷는 사람 뛰는 사람 산책하는 강아지
선선해진 바람에 밝아진 표정들을 본다

무릎까지 자란 풀 그림자 사이로
존재를 알리는 작은 이들을 본다

수많은 걸음들이 지나간 자리에는
종이처럼 납작해진 여러 곤충과 벌레들이
바람에도 흔들리지 않고 흑백 그림처럼 남았다

어둠은 깊은숨을 들이켜 몸집을 키웠다
소리 없는 비명과 주검 위에 엎드려
작은 이들을 모두 안았다

비로소
넓고도 짙은 고요가 찾아왔다

사춘기

산수유꽃이 줄지어 피었어
저기 좀 봐

목련이 벌써 다 피었네
저기 좀 봐봐

저기 저 꽃들 좀 봐
정말 예쁘지 않아?

영혼 없는 대답을 툭 던져 놓고
핸드폰만 보는 아이들

아무리 예쁜 꽃인들
너희 눈에 들어올까

너희들이 봄인걸
너희들이 꽃인걸

꽃을 잃은 나비

빗물공원˙ 잔디 위로 나비 난다
아직 보내기 싫은 계절의 귀퉁이를 잡고
가을 아래로 천천히 난다

말라버린 귤껍질 조각에 앉아
희미하게 남은 향기라도 찾는 걸까
이미 말라버린 것들과
앞으로 말라 갈 자신의 운명을
꽃을 잃은 나비는 쉬이 놓을 수 있을까

마른 껍질 같은 사람이 있었다
초록 잎사귀 둥글리는 이슬 같았던 그는
자신이 말라 갈 걸 알면서도
사랑할 수밖에 없었다고 했다

그는 사랑은 그런 것이라 했다
나는 사랑은 그래선 안된다고 했다

꽃을 잃는 나비와
사랑을 잃은 그는
바람 부는 날 메마른 풀잎처럼
흔적 없이 떠나버렸다

늦은, 가을이었다

* 빗물공원 : 창원 중앙동 소재 빗물테마공원

가연 嘉然 이진희

경남 합천 출생
계간 문학예술 시부문 신인상 등단(2003), 월간 문학세계 수필부문 신인상 등단(2015), 한국문인협회, 현대문학사조, 국제펜경남본부, 경남문인협회, 창원문인협회 회원
벼리문학회 회장, 현대문학사조 작가 최우수상 수상
시집:「햇살 아래 서고 싶다」외 1권
E-mail : kali77@hanmail.net

삶과 죽음 사이 외 2편

이 현

SKY 대를 졸업한 그는 57세다
올려다만 보아야 할 계급 사회에서
진급 사다리 타기가 버거웠을까?
그는 중위라는 계급장을 떼어내고
무지개다리 건너 하늘로 갔다

꽃 진 자리를 정리하면서
한창나이에 세상을 버린
아픈 사연이 궁금했지만
주인 잃은 유품은 말이 없다

나라를 위해 값진 목숨을 바친
의사, 열사들도 많지만
군인으로써의 명예를 버린 그의
절박한 울부짖음이 흩어지는 오후

이 나이에도 서녘 하늘 물들이며 지는
저 적색 노을이 미치도록 아름다워
마냥 가슴 뛴다면...
가신 그분께 죄가 될까?

치마길이의 정석

살랑살랑 걸을 때마다
동그란 무르팍이 모일 듯 말 듯
춤추는 그녀들의 건강한 무릎이 좋다
너무 짧아 황급히 시선을 거둬들이지도
치렁치렁 너무 길어서 답답해 보이지도 않은
적당한 그 길이가 참 좋다

치마 길이에 무슨 정답이 있을까마는
젊어서는 짧을수록 즐거웠던 눈이
나이 들어 갈수록 제자리를 찾아가는듯
하여 내심 철들어 가는 나 자신이
때론 기특하기도 하다

일평생을 사는 동안 눈으로 보고
귀로 듣는 것이 얼마나 중요한지
이것은 생각으로 들어와
긍정으로든 부정으로든
나의 삶을 이끌어 간다
그러므로 우리는 눈으로 보는 것도
귀로 듣는 것도 주의해야 한다
이 나이가 되어서 한가하게 무슨 여자들
치마 타령인가 할지도 모르겠지만...

어쩔꼬!

이제서야 보아야 할 것이 보이고
들어야 할 것이 들리는 것을.

아버지란 이름으로

외로움
더 이상 외로울 수 없어
나는 활화산으로 파닥인다

내 손으로 선택한 인생이지만
내 실수로 놓아버린
가족이라는 울타리는
나를 아프게 하고 내 영혼조차
지옥으로 끌고 갔지만

심장을 뛰게 하는
전화기 속 너의 목소리에서
꽃봉오리 되어 피어나는
꿈만 같은 작은 희망

실타래 엉키듯 엉켜버린
뒤틀린 시간을
세월만 뻔뻔하다 탓할 수 없어
후회와 회한으로 내 심장은
울컥울컥 붉은 피를 토해낸다

민중의 지팡이로 잘 자라준
자랑스런 내 아들아!

이제는 나를 위해
너를 위해
그리고 우리를 위해 길고 긴
대화가 필요한 시간은 아닐지

내 마음 다독이며
밝아오는 여명의 이 아침에
마지막 희망 실어 빌어보는
아버지란 이름

청협 **이 현**
현대문학사조 등단
현대문학사조문인협회 부회장

인생 이모작 외 2편

전상욱

빛나는 인생 2기
혼자 설계하며 이력서를 쓴다

굽이굽이
살아온 내력이 한 페이지로 모자라
뒷면에 자기소개서를 따로 붙여넣기로 했다
그 많은 세파 겪으며 왔음에도
출발은 늘 설레고 떨리는 것

입사 후 각오를 말하라기에
돌고래 한 마리가 풀쩍 뛰어오르는 그림을 그렸다

그러고는 다음과 같은 주석을 달았다

강물 따라 굽이쳐 흘러왔으니
이번에는 바다에서 한번 뛰어 볼란다

가을 타나 봐

유자차 한 잔으로
가을 아침을 맞는다

도봉산 무수골
갖가지 빛깔로 물든 나뭇잎들

갈바람 지나가자
우수수 쏟아져 내린다

가을 잎 부딪치는 소리에
신음처럼 뿜어 나오는
내 긴 한숨

아직도
가을 타는 남자의 우수(憂愁)가
남아 있었나 봐

지상의 좁은 문

왼손엔 이력서
오른손엔 자격증 들고
구름처럼 몰려든 사람들

직업소개소 좁은 출입문 앞
까맣게 줄 서 있다가
내 순번에야 겨우 문을 연다

취업 상담 마치고
건너편 복권 가게를 본다
로또 한 장 샀다

최저임금이면 어때
날밤 새우는 비정규직
내일을 설계하며 눈을 감는다

德和 전 상 욱

전상욱취업컨설팅 대표 / 고용서비스전문가 / 대한민국경비협회 경비교육원 교수, 행정사, 경비지도사, 국제탐정사, 대한민국경비협회 경기북부지방협회 부회장, 고용서비스전문가포럼위원회 사무총장, 브런치작가, 수필가, 시인
80년 제25회 호남예술제 작문부 입상(전남일보사), 22년 제23회 경찰문화대전 시부문 입상(경찰청), 24년 제03회 대한민국골든리더 대상(연합문화뉴스TV) 현대문학사조문인협회 부회장, 문학리더스문인협회 부회장, 한국문인협회 도봉지부 사무차장, 국제라이온스협회354-A지구 서울문화라이온스클럽 회장
저서 『은행나무 평전』 외 동인지 다수, 「문학팬클럽, 정회원 700명」
http://band.us/@jeonswook, 이메일 jeonswook@hanmail.net

골목 전쟁 외 2편

전승훈

막다른 골목
인적이 뜸하다 보니
냉이꽃과 씀바귀가 주인이다

잡초뿐이라
고요와 평화뿐이겠지
모두 그렇게 생각하지만
아니다
몇 가닥 햇살이라도 더 받으려
아옹다옹
초록은 전쟁 중이다

조그만 틈에서 새어 나와
한 움큼도 되지 않는
빛줄기

가끔은
길 잃은 사람의 희망이 되기도 한다

호접란

어릴 적 내가
그 아름다움에 취해 따라갔던
호랑나비가 환생한 게
틀림없다

이름하여 만천홍
서양 말로는 팔레놉시스
날개 활짝 펼치고
우아하면서 세련된 자태로
날아오르고 있다

삶이 힘겹더라도
무너지지 말라
쉬이 시들지 말라
꿋꿋이 버텨보라고

동글동글한
봄의 봉오리 터뜨려
환하게 웃으며
나를 응원하고 있다

봄비로 오는 친구들

창밖엔 봄비 내리고요
나는 쇼팽의 녹턴에 젖은 채
시를 쓰고 있습니다
봄비의 고요하고 느릿한 속도와
감성을 자극하는 선율 속에
서정의 물 잔뜩 먹은 나의 시
왠지 슴이 잘 맞는 고향 친구들 같습니다

'아'하면 '어'를 알고
쌀방귀를 뀌면 보리방귀로 화답하던 녀석들
오늘은 촉촉한 봄비로 내리며
내 창을 두드립니다

세월의 수레바퀴 쉴 새 없이 돌아
반백이 되고 보니
어린 시절 마을 어귀 강가에서
물장구치며 놀던 고놈들이
유난히도 그립습니다

잔잔하게 휘감던 음악이 그치자
추억의 국화빵 같은 모습의 녀석들이
왈칵 문 열고 들이닥쳤습니다
봄비는 화단의 꽃뿐 아니라
우리의 웃음꽃까지 활짝 피었습니다

白山 **전승훈**

前 의정부경찰서 금오지구대장(경정)
경희대학교 행정대학원 사법행정학과 중퇴
호원대학교 행정학과 졸업
고려대학교 미래교육원 시 창작과정 수료
한국문인협회 회원 /현대문학사조 문인협회 부회장
2022 뉴스메이커 한국을 이끄는 혁신리더 대상(문화예술부문)
스포츠서울 라이프 이노베이션 기업&브랜드 대상(사회공헌부문)
제22회 경찰문화대전 시 부문 특선 입상 / 현대문학사조 신인상
시 부문 / 문학고을 수필 부문 신인문학상 / 현대문학사조 작가
우수상 수상
근정포장 (대통령) - 2007년 / 모범공무원(국무총리) - 2011년 /
녹조근정훈장(대통령) - 2023년
저서 : 1시집 『새벽 기도』 2시집 『고요는 아침을 낳는다』

바다를 보며 외 2편

전 인 옥

돛단배
푸른 물결
금모래 반짝일 때

또 다른
시간 속을
무심히 흘러온 너

지평선 저 너머에는
어떤 세상 있을까

뒷모습

시집갈
딸을 위해
보듬던 포근한 품

행복히
잘 살아라
쓰담던 엄마 손길

그 음성
메아리 되어
가슴속을 적신다

이른 아침

생명의
합창 소리
잠 깨어 눈을 뜨니

빛나는
아침 햇살
반갑게 인사한다

무심코 바라본 하늘
희망 구름 떠 있다

예담 전인옥

현대문학사조 시조 등단
현대문학사조 문인협회 회원
삼간 시조 문학회 회원
문해교사
캘리그라피 강사
세명대학교 대학원 (교육행정학과 졸업)

희망의 씨앗을 파종하다 외 2편

조 동 현

추억을 들추면
살아온 세월만큼 몸집이 자라지만
내일을 내다보면
내다보는 시간만큼 마음이 자란다

더 자라야 할 마음속엔
내일을 가꿀 꿈이 있기에
잡초 무성한 묵정밭 일궈
희망의 씨앗을 파종한다

포기할 수 없고
거부해서는 안 되는 내일의 꿈을 위해
엮고 엮는다

한 가닥
한 조각
한 자락.

몽애

꽃 피는 그 시절
눈뜨면
서로의 얼굴 들여다보며
우리는 하나였다

지금은
아파도 아프단 말 못 하는 시린 가슴 부여잡고

그대 향한 사랑 노래 부르고 있건만
자비 없는 바람이 경계선 그어놓고 가라 가라 하네

장미의 끝 향기 털어낼 때
노을 속에 눈물을 태워

그저 난 허무의 길에 서서
그대에게 난
허상의 그림자리니

비 그친 후 물안개처럼
몽애 속으로 길을 걷는다.

텃세

고요한 바다를 향해
터벅터벅 걸어온 한 남자
뜬금없어
남자 앞에 고목이 된 또 다른 남자들

고래고래 목청 찢는 남자
침묵하는 또 다른 남자들
고요한 바다는 바닥에서만 출렁거린다

남자들의 자존심이나 고집은
밥벌이를 위해
짹짹대는 참새만도 못하게
기가 죽었다

사람인 남자
또 다른 사람들인 남자들
분명 갑과 을이 존재하는 세상
입안에서만 맴돌던 헛발질
비가 사납게 쏟아진다

갖은 텃세 앞에 전쟁터 같은
몸부림치는 삶
북받쳐오는 설움들

구산 조동현

현대문학사조 시 등단
한국문인협회 회원, 다솔문학회 사무국장, 숨문학작가협회 총 본부장
현대문학사조문인협회 서울지회장
수상) 다솔문학 문학상, 숨문학작가협회 숨문학 대상 『몽애』
현대문학사조 작가 우수상
연재) 청주일보, 커피 헤럴드신문,
더 최고신문, The뉴스라인, 코리아뉴스 24
저서) 『그 남자 항상 대기 중』, 『몽애』

여름꽃 외 2편

조영심

그대
어떻게 꽃이 되어
나를 만났는지
성숙한 여름꽃들
보는 것에 감사하여라
나도 모를 그대 이름
그래도 예쁜 꽃들
생명이라 더욱 아름다운
휴식 같은 그대

여름꽃
정겨운 빛살 머금은
찬란한 하늘 바라기
날개가 있어
참 좋은 꽃나비들
참도 부러웁다
그대 어찌하여
여름꽃이 되어
내게로 왔을까
참도 싱그러워라

화려한 여름꽃들
속절없는 열정의 한낮에
그날도 무심한 초록이었어라

꿈꾸는 별

꽃별이 한 아름 내게로 쏟아진다
부신 아름다움에 차라리 눈을 감는다
돌아볼 수 없는 향기로운 소슬바람
숲이 노래하고 새들이 춤을 춘다
졸졸거리는 냇가의 청량한 물소리
내가 숨겨둔 비밀의 장소
물새에게 들켰을까
별을 안고 하늘을 본다
어둠에서 빛은 더욱 빛으로 온다
가득히 안은 나의 별꽃들
낮에 보았던 하얀 나비
두 팔 휘둘러 불러본다
새들과 나비들 그 날갯짓들
초록을 흔들어 맴맴 여름밤은 참 풍요롭다
밤꽃들도 나란히 나를 부른다
나의 동화는 아직도 환희

빛의 소망

찌뿌듯한 하늘
눈부신 빛으로 온 땅을 달구고
향기 짙은 녹색 잎사귀들
숨김없이 꽃의 날개로 열매가 영글어 간다

눈물이 날 만큼 아름다운 세상
내 님이 허락하여 오늘도 숨을 쉬고
매일 매일의 의미 느끼며 감사할 수 있는 삶

님의 눈길 아래에서 나는 보호받고
사랑받는다는 확신에 사랑으로 보답하며
삶의 본질을 더욱 깊이 깨닫고 바라며
내일의 소망을 믿고 기도합니다.

혜림 **조영심**

현대문학사조 등단
현대문학사조문인협회 자문위원
공저 시집
『나는 슬플 때 자꾸 눈물이 난다』
『고향』 외 다수
개인시집 『귀향』

엄마의 마음 외 2편

최 영 자

애야 차 조심해서 다녀라
네, 어머니
저 겨우 오십 키로로 왔어요
그러냐
다음부터는 사십으로 살살 다니거라
네, 어머니
엄마 앞에선 평생 아기가 된다.

내 사랑 다육이

오목조목
똥글똥글
다닥다닥 따 글 따 글

피멍도 꽃이요, 손톱도 꽃이라
너의 미소로 간밤을 보내고
너의 눈빛으로 아침을 연다

난 너에게
다정한 향기 보내며 살며시 네 이름을 부른다
그 이름 방울복랑금

석양의 노래

해 질 녘
잔잔한 노을이 붉게 가슴을 칠 때도
보슬 비에 마른 풀숲 흥건히 젖을 때도
생명의 씨앗 싹을 틔우며
만삭된 기쁨의 소식을 노래하네
홀연히 쓸고 가는 바람
수많은 꽃들에게 안녕을 고하고 희망을 노래하네

허브향기 **최영자**
현대문학사조 신인상 수상
현대문학사조문인협회 회원

가을 여행 외 2편

한용운

붉은 가을빛
뚝뚝 떨어지는
그날

찬 바람결에
무성하게 들려오는
풀벌레 울음소리

푸른 하늘 너머
그리운 집
그토록 그리운 마음

쪽빛 하늘 너머
코스모스 꽃
곱게 피는

그 같은
신비스러운 곳으로
떠나가고 싶다

민들레

눈시울 붉은
멍에처럼
고이는 눈물

가슴으로
가득히 쌓이는
그 날이면

눈빛 먼 하늘에 갇혀
더 이상 날지 못하는
씨알

샛노랗게 익은
석류 같은
그 성숙함이여

향수 젖은

그리움

한 세월을 운다

그리운 세월

반달 논 위배미
돌멩이처럼
굴러다니는 바람

어느 날
노을빛 속으로
강나루 건너가고

품팔이 간 아버지
그 언제 돌아오실까
소리 내어 부르는 강물소리

먼 산 그림자
앞 세우고
마중 나온 동구 밖

오랜 기다림에
매달린
그리움은

마른 호박잎 부여잡고
채워지지 않는
울음을 운다

한용운

내린 문학회 회장 / 한국문협 강원지회 이사 및 인제 지부장 / 삼포문학 인제 지부장 / 만해 (축전) 시인학교 고문 / 만해축전 부 대회장 / 만해축전 백일장(일반부) 심사위원 / 세계 모던포엠 작가회 고문 / 월간 모던포엠 강원 지회장 및 신인추천작품 심사위원 / 전국 사투리 발굴 보존회 상임 부회장 / 홍성사 작품공모 우수상 / 1991 한맥문학 신인상 수상 / 인제 군민 (문학) 대상 수상 / 초허 (김동명) 문학상 대상 수상 / 세종문화예술 아동 문학상 수상 / 새 밝 문학상 (본상)수상 / 새마을 美談像 (미담상) 수상 / 대통령 표창 , 근정포장 (대통령) 수상 / 삼성 문화재단 효행상 수상 / 고황재단 밝은 사회 선행 모범가족 금상 수상 / 인재 군사(郡史) 집필
저서 : 『깊은 마을의 메아리』, 『한 사공 그 세월』

마로니에공원 외 2편

한빈한숙

숨이 턱턱 막히는 여름 혜화역에 내려
대학로 거리를 걸었다
사람 표정이 차분하면서 차림도 인격적이고
스치는 목소리도 도시 사람들처럼 사납게
들리지 않았다
걷는 사람마다 방향감각을 주시하면서 연극거리를
누비고 있었다
힐끗힐끗 곁눈질하다 난 그늘이 있는
벤치에 앉았다
마로니에공원은 계절의 묘미와
산책하는 거리의 행인들이 연극이다
도심 한복판에 앉아있던 시간만큼 객이 되어
건사하게 세상읽기를 했다
고요함 속에 따갑게 비추는 햇살에 시시각각
세미하게 변하는 거대한 마로니에공원
대학로 예술의 거리는 바쁜 시간의 흐름을 잠시
멈추고 바라보는게 쓰는 문장과 같았다
하루의 묵상을 기록하면서 가슴 벅찼다

산 빛

나 여기 떠나 산으로 돌아간다면
얼마나 좋을까
청산도 산 굽이굽이 뿌옇게 피어오르는
하늘을 향해 자유롭게 날아다니는
한 마리 새가 되면 이산 저산 날고
포근하고 아늑한 범바위에
산 굽이굽이 해가 뜨고
해 저물면 별과 둥근 달도 뜨고
산 굽이에서 이슬 머금고 핀 풀잎들
그 둥지에서 이슬 받아먹고 하늘보고
한 울음 토해내고 범바위 꼭대기에 앉아
먼 산허리를 바라보기도 하고
산과 바다로 가득 채운 아침의 산빛 바다
이 모든 것과 쉼 하면서
바닷고기가 살아서 튀는 파란 물방울도 보고
파도에 비춰오는 산빛 도 보고
아득하게 보이는 섬 하나, 바다를 항해하듯
힘차게 공중을 가르며 가 보기도 할 것이고
저 지평을 향해 이 여정을 꿈꾸면서
나 여기 떠나 산으로 돌아간다면 돌아갈 수만 있다면

사람아 사람아

아따 딸아 오랜만이구나
내 딸이 전화를 했네라
'이 무정한 사람아 이 사람아'

여름 어떻게 낫냐며 되레 물으신다

당신은 밥 잘 묵고
며눌네가 끼니 거르지 않게
밥상 차려줘서 건강하란다

내 나이 아흔셋이다
아직은 밥 잘 묵어 잘 지낸다마는
나사 나이 먹었응께 걱정 말거라

니도 굶지 말고 끼니 잘 챙겨 묵거래이

오랜만에 내 딸이 전화를 했네라
나 걱정 말고 자네나 잘 살소
'사람아 사람아 이 무정한 사람아'

한빈 한숙

본명 : 최한숙 (한빈(韓璸))
2016년 월간 〈문학공간〉 등단
(사) 한국문인협회 회원
현대문학사조 문인협회 부회장
시산맥 특별회원
시집 『별 헤는 밤』, 『기억이 꽃 피는 날』

빗줄기 속에 외 2편

황승자

창밖에 성난 횃대비 내린다
고층빌딩 숲을 빠져나온 불빛이
좌우로 흔들리다가 아래위로 출렁인다

거센 바람 사이로 우산도 없이
굽은 어깨 홀로 걷는
쓸쓸한 나그네, 누구신가요?

둘이 손잡고 가는 우산 속 연인
거센 바람도 따라가며 듣는 정겨운 은어
사랑은 그렇게 더 가까이
비바람도 화를 접고 멀어져 간다

작은 소망

사랑은 오래 참는 것이라 했지
참고 살아왔기에 오늘 여기 이렇게
눈물 자국 지우며 가슴을 쓸고 있네
'받는 것보다 주는 것이 복이라.'
스스로 위로하며 내려놓고 살아온 세월

상쾌한 발걸음으로 손잡고 걸으며
정다운 웃음 주고받는 젊음아
나를 한 번만 돌아봐 주렴

반백 년 함께 한 손이
왜 이리 차갑단 말인가
손잡고 다닌 길은 빗물에 쓸려 버렸고
사랑이란 낱말은 낙엽이 되었다
듣고 싶은 문장은 언제쯤 들려주려나

해바라기꽃

너는 어찌 그리도 그리움이냐
어제도 오늘도 오로지
햇님만 바라보는 사랑이라니

해가 지면 지친 몸
고개 숙이고
해 뜨는 아침엔 오직 해바라기

해 같이 둥근 얼굴 까만 눈동자
바람 따라 춤사위도 흥겨워라

변치 않는 큰 사랑
나도 닮고 싶어라

황승자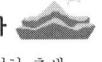
경기 : 연천 출생
주소 : 서울시 중랑구 동일로 95 나길 28
시 창작교실수업

호만천 오리가족 외 2편

황은미

잔잔한 물결 위로
오리 가족이 나란히 떠있고

엄마 뒤를 졸졸 따르는
작은 생명 오리떼
첨벙첨벙 물결을 젓는다

햇살 머무는 호만천
고요한 풍경 속에서
잠시
행복의 소중함을
오리 가족 보며 깨닫는다

비 내리던 날

참으려 던 마음 끝에서
눈물 한 방울
빗물처럼 쏟아진다

무참하게 쓸어버린 자연재해
갑자기 찾아온 여름날의 기억
안타까운 소식에 마음까지 쓸었다

우산을 펴도 가려지지 않던 슬픔
비에 젖어 걷던 그날의 너
한참을 서성이다 걷던 나
마음을 위로해야지

바람의 길

황량한 길 가
누가 바람에게
길을 묻던가

울타리 집도 없고
묶이지도 갇혀지지 않는
먼 길을 떠나는 바람

어디로 가는 거냐 묻지만
바람은 웃는다
가는 게 아니라
그저 자유롭게 스쳐갈 뿐이라고
어쩌면 내 안에도 길이
생기고 있는지 모른다
바람의 길에 서서

초월 황은미

현대문학사조 등단
현대문학사조문인협회 사무국장, 이야기가 있는 문학풍경 회원
은방울 시낭송 회원, 시소담 시낭송 회원
강원대학교 경영대학원 수료, 한양대학교 정책대학원 수료
문예대학 수료, 민족통일 문예대전 입상
시집 『그대의 꽃』
E-mail : chowol6979@naver.com

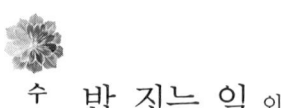

밥 짓는 일 외 1편

곽정순

　새벽을 여는 노동자들의 바쁜 발걸음은 해장국에 해장술 한 잔으로 시작된다.

　만물이 여물어 수확을 끝낸 논과 들엔 허전한 여운이 감돌아 한로도 지나고 아침, 저녁 꽤 쌀쌀하다.

　어김없이 새벽부터 전깃불을 밝히고 우거지에 양념을 비벼놓았다.

　음식은 구수한 엄마의 손맛을 빌려 토막 낸 생선은 무 조림으로 끓여놓고 나물은 볶아내고 전도 지지고 겉절이는 무쳐내어 찬통에 담아 놓으면 한결 가볍게 하루의 시작이 준비된 것이다.

　쌀을 이겨대어 씻어낸 뽀얀 쌀알들 정미소에서 방금 찌어 온 햅쌀이다.

　하얀 쌀밥이 맛나다며 두 그릇, 세 그릇을 비워도 받는 값은 한 그릇 값이다.

　인심 박한 손맛은 금방 알아 퇴박 받기 일쑤여서 장사꾼의 욕심으론 고객의 인심을 얻지 못한다.

　소상공인들이 무수히 부도나서 떠나고 신랄한 평가가 쏟

아져 짓무른 데가 썩는다고 해도 결과에 대한 평가는 냉혹한 현실이다.

그러면서도 여전히 그 자리를 떠나지 못하는 운명 같은 생계수단을 어찌지 못한 선택이었기에 감내하며 매일매일 최선을 위한 생가슴을 앓는다.

오늘 아침에 골프장 단체 예약 손님이 오기로 되어있다.

직원을 구할 수 없는 도시 외각의 음식점을 혼자 달려든 무모하기 짝이 없는 대담함도 드디어 한계가 보였다.

태산보다 높고 거친 파도 같아 거센 풍랑에 흔들리는 멀미 느끼며, 가격대비 상차림의 적정선을 정해 놓지 않아 고객의 요구에 골머리를 싸매는 날이면 전문가의 조언도 간절했다.

성공 가도를 달리던 어느 사장에게 상차림의 조언을 부탁하였지만 거절했다.

그 사장은 식당 창업을 시작하면서 자금이 쪼들릴 때 적지 않은 자금을 선 듯 빌려주어 사업에 도움을 주었던 적이 있었다.

섭섭한 마음이야 없으랴만 벤치마킹을 하고 유능하다는 주방장을 들이고 배워가며 밤낮없이 노력했다.

자금은 서서히 고갈되었고 음식 메뉴를 한정식에서 손이 덜 가고 종업원 수도 줄이며 간편한 탕 종류로 전환하며 자구책을 썼다.

노력에도 불구하고 안정된 사업으로 가는 길은 멀다.

많은 손실로 타격은 감당하게 될 부피만큼의 걱정에 몸과 마음은 복잡해졌다.

음식점은 장소 선택이 일 순위이고 건물은 수리 비용이 전혀 들지 않을 구조적 조건을 가졌는지, 두 번째가 일손을 돕는 지원자가 있는지, 세 번째 그 지역에 맞는 탁월한 메뉴를 선택하였는지 자영업자가 갖추고 배워 얻는 것을 사업의 기초적 자양분이 되어 성공의 가도를 달리는 목표일 것이다.

광우병에 콜레라 패혈증까지 돈다.
조류 파동에 플루 전염병이 발목을 잡고 자동차 유류값이 턱없이 높다고 하여 나들이 행락도 줄고 있다고 했다.
신문과 방송을 보면 한숨이 저절로 터지는 자영업자의 마음을 아는지 모르는지 파행적 국회는 여전히 배부른 한탄뿐이다.
그런 중에도 예전과 다른 세상으로의 변화가 시작되려는 움직임은 선퇴의 날개가 펼쳐지고 있었다.
도시의 부동산은 재건축의 호시기를 맞이하였다.
자영업자의 깊어진 한숨은 그 끝을 알 수가 없었다.
'사느냐 죽느냐' 음과 양' 양면의 갈등은 깊이를 재어볼 줄 아는 식견이 필요했지만 목줄을 거머쥔 현실은 개미 똥구멍의 시큼한 양분만큼도 허락하지 않았다.
하루 종일 미혹한 삶을 도탄에 빠뜨리지 않으려는 부단함도 속절없이 기울어 갔다.

미스터리 쇼핑이라는 광고업자가 업장 분석을 내밀고 위상을 높이라고 하며 호객을 했지만 그들이 원하는 조건을 따라가기에는 깨진 독에 물을 부어줄 자금줄의 여유도 잃은 뒤였다.

이렇게 현실 비전을 맥없이 따라가다가 사채를 쓰게 되는 것인가 보다고 생각되니 섬뜩해진다.

망해가는 업장에 금전 여유가 있을 리 만무하기 때문이다

정부는 자영업 조건에 세세하게 표시 품목을 규정하여 지키도록 제시했다.

자영업자의 규정은 냉혹하여 산지 표시로 벌금 딱지를 받고 그 벌금과 위생 점검에 걸리면 영업정지다.

어떤 고객은 식중독에 걸렸다며 보험을 들었을 터이니 처리해 달라고 했다.

어이없는 투서였지만 음식 사업자로서는 고분고분 해질 수밖에 도리가 없다.

그들의 말을 거절하지 못하여 전전긍긍 타 영업장 사례를 조언하여 들어보아도 딱히 해결의 실마리를 얻지 못하였다

그들이 원하는 조건에 수긍하면 사업 정지가 들어가고 벌금을 내야 한다.

그들이 원하는 것을 들어주는 척하며 서류가 필요하니 진료받은 병원을 알려달라고 했다.

식중독 처방했다는 병원 의사에게 문의하였고 다행히 의사는 정직하게 알려 주었다.

의사로서 의무는 식중독 일 경우 지역 보건소에 보고 되며 역학 조사가 우선 이루어지게 되며 업장은 자동적으로 법적 조치가 취해지는 것이 당연한 절차라고 알려 주었다.

그 고객은 지병이 있어 약을 처방한 사실이 있다고 하며 의사는 전염병 처리의 규정에 대해 알려 주었다.

낚싯줄에 코가 걸린 물고기가 버둥대어 봤자 소용없는 사건도 있었다.
위염에 걸리고 식중독이라며 동네에 소문을 퍼뜨리기도 하고 무조건 잘못을 인정하라고 하며 병원비를 달라고 떼거지 하는 손님도 있다.
고객이 식중독에 걸리면 담당 의사는 보건소장에게 보고를 하여 역학 조사가 이루어지고 업장은 정지 기간을 받게 되거나 폐쇄된다고 한다.
꽤나 머리 좋은 종업원은 현금 가불하고 싸인을 미루더니 업주를 골탕 먹이고 노동부로 갔다.
일인 이상 사업장은 산재, 근재, 국민연금 등등 보험을 들어야 하고, 세무장부를 꼼꼼히 챙겨야 세금도 줄이게 되며 종업원 관리도 철저하게 관리하는 것이 업주들의 완전한 영업 방식이 된다.

삶은 무던히 배우고 지키며 나아가는 고단함의 연속이고 도전하는 끈기이다.
업장을 지키지 못하면 낙오자이고 손해에 따른 위험을 감수해야 하는 비참한 처지가 된다.
사업자의 운명은 결과와 목적이 뚜렷해져서 단호하고 심지가 굳은 대범성도 필요하다.
사업을 위한 조건적 미비함을 발견하게 되면 과감히 처

분하는 것도 새로운 도약의 디딤대가 되는 것이다.

　잘못 운영되고 있는 사업장을 붙잡고 미련을 남기고 결단하지 못한다면, 다시 시작할 기회 포착을 잃는 결과로 인한 과오를 범할 수 있다.

　건물 계약조건으로부터 집주인이 의도한 흑심을 감지하지 못한 어리석음의 결과로 모든 것을 잃었다.

　이 모든 것을 감내하는 것이 장사꾼이다.

가슴으로 우는 건 눈물이 아닙니다

내면의 깊은 심곡에서 보내는 여리고 작은 흐느낌
가슴 깊숙이 끓어오르는 용솟음,
산을 타고 오르는 건조하고 뜨거운 바람 메마른 가지를 흔드는 내기 바람입니다

가슴이 아프다는 것은
아픔의 크기를 표현해야 할 몸부림의 한계치에 다다른
내면의 경계까지 닿아 메아리처럼 한계점에서 소멸되지 않고 되돌아 나오는 억누르지 못한 냉가슴
뭉크가 감싼 얼굴로 읽힌 '절규'의 변(邊)
쏟아져 내린 장맛비에 붉은 흙탕물이 범람하여 길도 아닌, 논밭도 아닌 천지개벽의 날
잠긴 축사에서 사생결단 탈출한 암소가 힘 잃은 다리를 지탱하며 새끼를 찾아 부르는 소리를 잃은 공망 한 눈빛
이별의 눈물보다 강하고 사랑의 아픔보다 더 가혹하여
순간순간의 미혹한 기억 속에 흘러내리는 도돌이표로 막힌 의문과 귀환의 한계점
칠정 (七情)으로 나누어진 변곡점에 끼어 맞추기 힘든

이질감의 서걱거림……

갈라진 논바닥에 스러져 울던 개구리가 목이 메어 꺼억꺼억 울먹이다가 멈춰진
침묵의 정적 속에
메마른 어깨가 들썩이지만
가슴으로 우는 건 눈물이 흐르는 것이 결코 아닙니다

숙성된 감정이 서서히 정화되어 지극히 이성적인 내면의 나,
담담하고 조용하게 반문하는 지극히 나, 다운 귀환
지혜롭게 내려놓을 자가면역 반응으로 의식 깊은 곳에서 터져 나오는 반성의 다짐입니다
짧게 토해낸 숨소리가, 멎을 것 같은 순간에 처절함이 고막을 찢어 솟아올라와
묵묵히 감내하려는 강한 인내심의 발로이고
간절함이 좌절된 아픔과 삶의 커다란 시련 속에 알게 되는 자기반성인 것입니다.

계향桂響 곽정순

용인 수지 문학회 회원.
한국 바다 문인 협회 회원.
현대문학사조문인협회 자문위원. 2018년 수필등단
2000년 수지문학회 창간호부터 참여하여 문학 동인지 외 다수 참여하였고 현재 활동중

자살 조력계 <환몽>

박하경

 "엄마, 엄마는 요즘 유행한다는 자살 조력계 안 만들어요? 쿠테타 정부가 정권을 장악하고 집권 시기가 늘어나면서 노인복지는 물 건너간 지 오래잖아요? 각자도생하는 시대에 인간의 수명은 쓸데없이 길어지다 보니까 노인들로 넘쳐나고 젊은이들은 아이를 낳지 않으니 온통 노인들 세상으로 보여져요. 젊은이들이 열심히 일해서 먹여 살리는 구조가 막히고 깨지니까 인구를 줄여야 미래가 있다면서 별 방법을 다 쓰기 시작했다니까요? 세상이 아주 미쳐 돌아가요. 엄마 걱정도 되지만 제 나이 이제 사십 초반인데 퇴직 압박이 장난 아닙니다."

 저녁에 엄마 밥상이 그립다고 집에 들른 큰아들 상욱이가 밥상을 앞에 두고 꺼낸 말에 혜령은 짜증이 차올랐다.

 "이년은 참 복도 더럽게 없어야. 굳이 하지 않아도 되었지만 요양원 안 보내고 사람답게 존엄 지켜드리겠다고 시어머니 모시고 친정 부모님 모시고 정성을 다해 섬겨서 보내드렸는데, 사람으로 할 도리를 다한 것 같은 내 팔자는 이게 뭐냐? 자살 조력계? 서로 계모임처럼 만들어서 명운이고 지랄이고 팽개치고 일찍 '지구 밖으로 나가 놀아라'

이거지?. 자살을 아주 8282 해서 세상에 민폐 끼치지 말고 미리미리 죽으라는 계를 만들라는 게 쳐 죽일 놈들 아니냐고. 피차 너 빨리 자살해라 보채서 죽을 수 있도록 만들라는 계를 만들라고 하니까 언론에서 주야장창 홍보랍시고 떠들어대는 꼴이라니. 이게 사람이 사람에게 할 짓이냐?"

분노에 찬 혜령의 짜증 풀이에 상욱이는 아무 대꾸 없이 밥을 입에 넣는다.

"맛있네. 역시 우리 엄마 된장찌개 끓이는 솜씨는 누가 따라올 수도 없다니까. 이 마른반찬 맛은 또 어떻고. 엄마 연세가 칠십오 세 되셨네? 평생 울 엄마는 늙지 않을 것 같더니 세월이 참 야속해……"

아들놈은 혜령에겐 눈길조차 주지 않은 채로 열심히 밥을 먹으며 저 할 말만 늘어놓는다. 큰놈 말을 듣고 앉았자니 마음에 열이 올라 홧홧해진 혜령이 아들을 마음으로 째려본다.

'그래, 나 올해 간다. 이놈아. 올 지나면 내가 끓여주는 된장찌개 못 먹어 이놈아. 아휴. 저 새끼는 아주 후레자식이여. 저 새끼는 입만 열면 욱 치밀어오르게 하는 상급 재주를 타고났어. 칠십만 되면 눈치가 보이는 세상이 올 줄 누가 알았겠냐고. 그래도 그렇지 '엄마는 살 만큼 사시오. 내가 잘 보내 드릴 테니.' 하면 좀 좋아……. 에휴, 나오느니 한숨이구나. 테크놀로지 혁명이라고 꿈 같은 세계가 이루어졌다고, 이런 세상에서 살아가는 복을 탄 것은 전생에 나라를 구한 거라고 내지르며 살았던 것이 호접몽이지. 호접몽이여……. 무슨 놈의 세상이 이러냐고. 거꾸로 처박히

냐고.'

 혜령은 아들을 보내고 설거지를 하면서 혼자 웅얼웅얼 신세 한탄을 했다. 혜령은 사실 몇몇 가깝고 친숙하고 다정한 지인들과 함께 오십 대부터 재미 삼아 자살 조력계를 만들어 두었지만 실제로 이런 세상이 도래하리라고 생각지도 못한 일이었다. 두 아들놈이거나 주변에도 굳이 말하지 않았을 뿐이다.

 서기 2060년 10월 29일이다. 혜령은 시월이 가기 전에 시월에 관한 노래를 몇 곡 골라 들으면서 세월을 반추한다.
 획기적인 혁명으로 발전을 거듭한 과학의 세계는 끊임없는 인간의 욕망과 탐욕의 손을 잡고 스스로 일자리를 고스란히 AI에게 내어주는 꼴이 되었다. 공장도, 식당도, 경비도, 호텔도, 사람이 일하던 곳에, 사람이 할 수 있는 일은 거의 AI 시스템이 가동되고 로봇이 각 분야를 점령했다. 젊은 시절 식당에서 로봇이 알바란 이름표를 붙이고 서빙을 하면 신기하고 재미있었다. 얼마 가지 않아 순식간에 로봇이 각 분야 일 자리를 차지한 것이다. 택시도 대부분 행선지만 입력하면 알아서 운행하는 자율주행차로 바뀌었고 전반적인 생활이 로봇으로 이루어지고 있으니 인간은 별로 할 일이 없었다. 로봇을 창조하고 로봇을 움직이는 시스템을 움직이는 인간들만 돈을 벌었다. 돈을 번다는 말은 어폐가 있고 저들이 세상을 점령했고 세상을 움직인다는 것이 곧 정의가 된 세상인 것이다. 돈과 권력을 잡은 자들끼리 금융을 좌지우지하면서 일자리를 얻지 못하는 사람들에겐

지옥 같은 미래가 있을 뿐이었다. 오직 서민들의 희망이었던 더불어 모두 잘살자는 정치 슬로건을 내걸었던 진보 민주 진영이 타락하면서 쿠데타로 장기 집권의 독재 세상이 되었다.

  인간의 평균 수명은 100세 시대라고 잠깐 떠드는가 싶더니 곧 120세 시대로 접어들었고 성경에서 말하는 누구는 930세까지 살았더라, 누구는 969세까지 살았더라는 시대로 회귀하려는지 수명이 150세 시대를 넘어서고 있었다. 인류가 먹고 살 것이 없어 생목숨을 억지로 버려야 하는 일이 닥친 것이다. 대부분의 사람들이 노후를 믿고 맡겼던 국민연금은 쿠데타 정부가 들어서자마자 민영 기업으로 전락하면서, 권력가들의 손으로 넘어가더니 얼마 가지 않아 자금이 고갈되었다며 손을 놓아버렸다. 사람이 일할 일자리는 로봇이 차지하고 있으니 젊은이들의 생존전략은 치열했고 도태된 청년 실업자가 늘 수밖에 없었다. 결혼은 하지 않고 아이들도 태어나는 수가 소수가 되어 인구 균형비가 깨졌다. 심지어는 아이들도 공장에서 생산될 거란 말이 심심찮게 나오고 있었다. SF영화 속 일이 현실로 나타나고 있었다. 젊은이들이 열심히 일해서 나이 든 노인층을 먹여 살렸던 순환구조가 깨지자 인간들의 삶은 로봇만도 못한 신세로 전락하고 있었다. 종교는 하늘에서 수를 더해 인간의 수명이 늘어나는 것이라 주장하고 의학은 의학이 인간 수명이 길어진 거라고 주장하면서 늘어난 인간의 수명에 대한 감당은 하지 못하면서 신경전을 벌여댔다. 계속 늘어나는 인간의 수명은 더 이상 축복이 아닌 저주가 되었다.

세상의 권력을 좌지우지하는 특권층만을 제외하곤 인간의 수명은 짐일 뿐인 시대인 것이다. 자본주의는 더 힘을 가진 권력자와 탐욕자를 단단하게 만들고 민주주의는 힘을 잃었다. 결국 독재의 시대로 가게 되면서 노인들의 불행에 추진력만 가속화되었다. 거기다 지구촌 곳곳에 전쟁이 쉬질 않았다. 전쟁이 길어 질 수록 재산을 불리는 탐욕자들의 끝없는 행보가 이어졌다. 애꿎은 민간인들과 규모가 작은 나라들은 죽어 나갔다. 군인과 용병을 팔고 병장기와 전쟁물자를 팔고 전쟁을 포기한 나라에는 재건의 명목으로 붙어 피를 빠는 탐욕자들의 행보가 쉬지 않았다. 결핍으로 인한 허기진 본능만을 추구하는 저들에겐 인간에 대한 간절함은 죽고 없었다. 죽고 싶어도 죽지 못하는 노인들의 슬픔과 두려움은 사회 전반적인 문제로 나타났다. 존엄사와 자연사를 겸하여 아름다운 최후를 유종의 미로 남기고 떠나고자 고민하고 애써온 사람들은 닥쳐온 위기를 타파하기 위해 애썼고 노력을 쉬지 않았지만 손쉽게 권력을 탐하는 소수의 탐욕자들 앞에서 무릎을 꿇어야 했다. 민주와 평등을 향한 소수자들의 집회는, 수시로 선포되고 집행되는 비상계엄령으로 인해 사그러들었다. 세상이 조용해지자 쓸모없는 늙은 이들은 과잉인구, 잉여인구로 쓰레기로 인식되기 시작했다. 인간들이 장수하겠다고 복福 자를 이불에 수놓고 목숨 수壽 자를 베개에 수놓으며 무병장수를 꿈꾸던 일은 이미 까마득한 전설이 되었고 고전이 된 지 오래였다. 지금 시대는 알아서 세상에서 사라져야 한다. 국가를 위해 사라져 줘야 하고 가족들을 위해 스스로 고려장을 해야만 하는 시대인 것이다. 버틸 자금이 없으면 스스로 빠른 단안을 내려야 했다. 우후죽순으로 생겨났던 요양원들은 사람의 삶을 따뜻하고 존엄한 누림의 목적이 아닌 노인들의 숨을 끊는 쿠데타 정부의 수족이 되었다. 그것도 모자라 노골적으로 6인 이상의 자살 조력계를 만들어 신고하면 세금도 면제해 줄 것이며 장례비용도 지원 해주겠다면서 살인 방조를 공식적으로 선언했다. 아주 쉽게 자살할 수 있는 수면제를 편리하게 주사제로 나눠주고 알약으로도 나눠주면서 적극 자살을 권장했다. 종교계에선 666 사탄의 시대가 도래했다고 한동안 떠들기도 했다. 단 개인에게 나눠주는 것이 아니라 6인 이상의 자살 조력계를 만들어 등록한 대표자에게 지급했다. 어느 때가 되면 개인에게도 강제로 나누어 줄지도 모를 일이다. 스페인의 어느 작은 산골 수녀의 이야기에서 영감을 얻어 이런 세태와 맞닥뜨리지 않을까 생각했던 혜령은 아주 일찍이 오십 대에 자살 조력계를 만들 연구를 시작했다. 우선 가깝게 지내왔고 허물없이 지내는 지인들의 의사 타진을 시작으로 혜령 자신과 함께 할 계원으로 다섯 명이 함께 하기로 했다. 젊은 시절부터 이름을 떨쳤던 변호사 부인이었고 국문과 교수인 장난효, 역사학을 전공하고 대학을 마다하고 중고등학교에서 역사를 강의하다 그만두고 역사 일타강사로 이름을 휘날렸던 황현파, 사회복지사로 세상을 공평하고 평등하게 만들겠다고 호언하며 일생을 뛴 자칭 애칭 경국지색 양귀비 송자홍, 긴 머리에 벙거지를 뒤집어 쓰고 선그라스를 쓰고 관광지에서 그림을 그리는 거리 미술사 백미주, 특이한 이력으로 양궁선수를 그만두고 게이머

이면서 게임에 대한 투자로 성공의 획을 그은 유선유가 6인으로 구성된 자살 조력계 일원이었다. 혜령은 계 이름을 공모하자는 의견을 냈고 결국 장난효 교수가 의견을 낸 <환몽>이라는 명칭을 사용하기로 6인 계원들의 만장일치로 결정했다. 혜령과 계원들이 만든 자살 조력계에 <환몽>이란 명칭이 붙여진 것이다. 국문과 교수였던 장난효의 해석이 달달했다. 세상을 바꿀 어벤져스로 환생해서 세상을 엉망진창으로 만드는 머저리들과 독재자들을 처단하고 옳은 세상을 만드는 꿈을 꾼다는 뜻이란다.

장난효는 자살 조력계 명칭을 <환몽>으로 하자는 이유를 국문과 교수답게 자료를 만들어 브리핑까지 했다. 자신은 이순신 장군 같은 역할을 할 수 있는 남자로 환생해서 세상을 구원하고 싶다는 구체적인 계획을 발표했다. 계원들은 배꼽이 빠지도록 웃었고 포복절도를 쉬지 않게 만드는 장난효 교수의 바람직한 발상으로 만남이 즐거웠다. 장난효의 <환몽> 계획서를 들으면서 <환몽>의 계원인 역사학 박사를 두 개 가지고 있고 석사학위를 두 개 가진 황현파의 기발한 입담으로 인해 웃다가 지치는 경우가 허다했다. 중고등학교에서 역사를 가르치다가 강남 입시학원에서 일타 강사로 이름을 휘날렸던 황현파가 시나리오 작가가 되어 각본을 쓰고 연출을 시작하면 계원들은 너나 할 것 없이 웃다 쓰러지기 일쑤였다.

"장난효, 너는 이순신 장군 같은 영웅으로 환생하려면 조선시대를 원하는 거야? 환생보다는 회귀가 낫지 않겠어? 아님 빙의가 나을라나? 조선시대가 되었든 현시대가 되었든 이 나라에서는 무조건 남자여야 해. 소드 마스터급 여자 영웅이 나타나도 이 나라 남자들은 화형 시키고 말 거라고. 물론 캡틴 아메리카의 캡틴과 아이언 맨이 나타나도 끊임없이 이순신 장군을 죽이려고 안달한 못난 남자들이 대거 달려들어서 죽이고 말 걸. '전하~ 이 나라에 영웅 따윈 필요 없사옵니다. 주변 강대국에 납작 엎드려 사대하면 저들이 우리를 보호할 터인데 어찌 영웅이 필요하겠나이까~ 전하 통촉하셔서 영웅들이 나타나는 즉시즉시 죽여 주시옵소서~' 이 버전이 절대 끝날 일이 없다 이거지. 거기에 선조 같이 찌질한 왕 놈은 '암, 그렇다마다. 과인보다 나은 놈은 세상에 필요 없지.' 하면서 죽일 연구만 골몰할 거야. 그러니까 환생보단 회귀가 좋겠어. 그래서 역사를 뒤틀어서 끌어야 해. 일단 무능한 선조를 해치워야지. 그리고 끊임없이 시기 질투하면서 머리는 함량 미달이면서 계집을 밝히고 뇌물을 좋아하는 원천적인 균씨와 그의 파대기들도 쓸어버려야지. 그러니까 이순신 장군이 명량해전에서 총 맞기 딱 직전에 그 몸으로 회귀하는 거 어떨까?"

"에이, 그럼 '내 죽음을 적에게 알리지 말라~' 말씀하신 명언이 죽잖아. 그건 예의가 아니지." 난효가 대번에 현파의 말을 받아넘기자 혜령이 나선다.

"아니지, 그 말씀이 필요 없게 해드려야 해. 선조가 광해에게 분조하는 시기로 광해에게 빙의해서 광해랑 의논해서 역사를 끌어가는 거 어때? 명나라 원조 막고 선조를 보내버리고 바다에 이순신 장군이 육지엔 전라도 지켜낸 황진 장군이 지키게 하고 해가 지는 명나라와 해가 뜨는 청나라 사이에서 실리외교로 이 나라를 부강하게 만들어 가야지. 선진 문물도 받아들이고 젊은이들을 서구로 유학시키면서 농업을 개량하고 자식을 많이 낳아서 인구를 늘리고 반대하는 성리학 선비 놈들을 단칼에 쳐내면서 역사를 뒤집어 비옥하게 써내려가야지. 광해에게 빙의 어때? 빙의해서 역사를 뒤집는 각본으로 가는 건 어때?"

"맞아. 이순신 장군이 명량에서 안 죽었다치자 명량해전 승리 후를 계산해 보자면 선조에게 개빡치게 당했던 장군이 한 달에 두 번 해야 하는 망궐례를 하지 않고 뻐대버리셨잖아. 장군의 이런 점이 아주 마음에 들어. 그렇지만 전쟁 끝나면 시기 질투에 쩔어있던 선조가 그냥 넘어갈 리 만무. 사약을 몇 사발 들이부을 차례잖아? 그러니 선조를 빨리 해치우고 인내의 아이콘 광해를 옹립해야 해. 광해가 진짜 왕 재목인데……. 내 각본과 혜령의 각본을 합쳐서 이순신 장군으로 회귀하지 말고 광해로 회귀해야 진짜 역사를 바꿀 수 있겠다. 광해로 가자. 광해로~ 이래 봬도 내가 역사 교사 할 때 개빡친다느니 씨팔이라거나 좆도 아닌 새끼들이라고 까대니까 선생이 욕지거리한다고 지랄 발광들 해대서 답답한 학교 때려치우고 강남 입시학원에서 일타강사로 날렸잖아? 학생들은 머릿속에 때려 박힌다고 좋아하는데 알량하게 윤리를 입에 문 꼰대들이 나대싸서 엿 먹어라 가운데 손가락 날리고 걍 때려치워버린 나! 황현파라고. 헤이. 광해 좋다. 광해로 가즈아아아…… 각본 박혜령. 연출 황현파로 특별히 무료 봉사 때려줄게. 내가 또 광해 빠 거든."

역사 필살기를 떨쳐내는 황현파를 바라보며 모두 맞다 맞다, 네가 맞다며 맞장구를 치며 장난효를 바라본다.

"나의 이순신. 내 입덕 성덕으로서의 평생 장렬한 덕질을 깨지 말아다오."

장난효는 웃으면서 세차게 머릴 휘젓는다.

"에이. 누가 이순신 장군 덕질을 하지 말래? 덕질을 완성하기 위해서 광해로 세상을 바꾸란 말이야. 조선왕조에서 광해만큼 아까운 인물이 없지. 임진왜란 때 신의주까지 빤스런하던 선조가 광해한테 분조를 하자마자 즉시 남쪽으로 내려와 전장을 누비며 전쟁에 참여한 군주로서 백성이 얼마나 전쟁 중에 피폐하고 어렵게 사는지를 두 눈으로 직접 본 군주잖아. 명나라는 두만강 넘으면 자기네 땅인데 자기네 땅에서 전생하기 싫으니까 지극정성으로 사대하며 섬기는 조선을 모른척 할 수 없다며 돕겠다고 왔잖아. 그때가 겨울이야. 명나라 군인들에게 최우선으로 군량미 대줘야지. 기병대 말 밥 먹여야지. 남쪽으로 내려가는데 길 닦아야지 다리 놔야지… 그 노역에 백성들이 얼마나 고단했겠냐고. 오죽하면 '일본 군대가 지나가면 얼개빗인데 명나라 군대가 지나가면 참빗'이란 말이 있었겠냐고. 그러니까 명나라 병사들이 민간인을 해치고 노략하고 힘들게 하는 일이 입에 담을 수 없이 컸다는 거야. 명나라 군대가 들어오면서 오히려 더 나빠진 상황이 된 거라니까. 이런 명나라를 성리학을 우상으로 숭배하면서 다 망해가는 명나라를 물고 빠는 선비들이 득세하는 세상을 확 깨버리고 새로 창조하는 것도 괜찮지 않아? 이런 쓸개 빠진 선비들이 물고 빠는 명나라와 청나라와 사이에서 실리외교를 펴고자 했고 대동법 시행으로 조선에 자본주의가 싹틀 발판을 만들었지. 명나라에서 자기들 형편으로 세자 책봉을 다섯 번이나 거절했고 속없는 선조는 열다섯 번 이상 왕위를 양위한다고 괴롭혔고 어리디어린 중전을 들였는데 정력도 좋아요, 냉큼 영창대군을 낳네. 광해 아이콘은 인내의 아이콘으로 다시 한번 기회를 주면 조선의 역사를 바꿀 인물 중 하나라니까. 그렇게만 되면 완전 피해가 컸던 히데요시가 임진왜란에서 개빡쳐서 조선인 씨를 말리고 해서 눈 뜨고 코 베인 세상을 만든 정유재란도 없었을 거야. 빙신 같은 인조가 세워져서 만들어낸 병자호란 치욕도 없는 거지. 진짜 생각할수록 아까운 광해라고. 난효야 그럼 이순신 장군을 살려서 한반도 처먹겠다고 껄떡대는 저 왜놈들을 찍소리못하게 눌러버리지 않겠냐고. 광해를 강추하노라. 이 큰 대업을 이루어보시라."

역사를 기반으로 각본과 연출까지 들이미는 황현파에게 장난효가 눈을 흘긴다. 현파는 시치미 뚝 떼고 계속 너스레를 떤다.

"그러니까. 국어 가르치는 교수가 세종대왕님을 덕질하면 또 모르겠어. 왜 하필 내 빠인 이순신 장군이냐 말이지. 아무리 생각해도 이순신 장군을 살리려면 조선시대 광해로 가야 한다고 봐. 들어 봐. 임진왜란 때 일본에 그만큼 깨지고 털리고 까이고 당했으면 일본의 국력을 충분히 실감했어야지. 명색이 사람이라면 말이야. 명나라 도움과 이순신 장군 활약으로 거덜 난 나라를 겨우 건졌으면 성리학을 더 절대시하고 성리학에 다시 매몰되어 버리는 미친 짓을 하면 될까? 안 될까? 그 미친 짓을 거리낌 없이 해버리는 조선의 선비놈들을 쓸어버려야 한다니까. 무능한 임진왜란, 정유재란 일어나서 개 박살 나지. 병자호란으로 개털리지. 결국 을사늑약으로 시작해서 식민지가 되고마는데……. 딱 이 지점에서 물꼬를 돌릴 수만 있다면 이 나라 진짜 어디 내놔도 내놓을만하단 말이지. 그런 의미에서 어이, 장난효, 생각을 원대하게 바꿀 필요가 있지 않을까? 제발! 생각을 바꿔줘. 난효 이 결정장애자 같으니."

현파가 찌르고 들어갈때마다 난효는 실실 웃으며 현파를 놀리며 약을 올린다.

"…… 음, 현파의 시나리오에 자꾸 넘어가려 해. 아니, 넘어가고 싶어지네. 그렇지만 난 광해 어벤져스로 회귀해서 성리학 귀신들과 싸우는 무의미한 짓을 하고 싶진 않단말이지 말입니다. 난 이순신 장군으로 일관성 있게 나갈 거야 홍. 그러니까 난 시대를 달리해서 이순신 장군을 모델로 한 영웅으로 탄생하겠어."

난효의 화법으로 한참 웃다가 자홍이 두 팔을 휘휘 젓더니만 난효의 말을 받는다.

"오! 현파 언니야. 그 쌈박하고 신박한 발상 괜찮은데? 난효 언니가 그 시나리오 싫다고 하면 이순신 장군에게 대패하고 쫓기는 와카자카 역할로 회귀해서 이순신 장군에 대한 성덕의 빛을 발하는 게 해주는 것도 괜찮겠다 큭큭큭. 이런 거 괜찮네. 아님 좀 더 큰 그림으로 엮어 봐. 일본은 역대 최고의 영웅시대였어. 오다 노부나가, 도요토미 히데요시, 도꾸가와 이에야스의 시대와 맞물리지. 오다 노부나가가 죽고 도요토미 히데요시가 명나라 처먹고 유럽까지 처먹겠다고 조선을 먼저 먹으려 한 건데 그 당시 일본 배경이 도요토미 히데요시가 죽고 에도 막부 시대가 열리고 연이어 메이지 유신 근대화가 이루어지면서 세계 최강으로 서게 되잖아. 임진왜란 때 도공들 잡아다가 도자기 만들어서 엄청 팔아먹고 은광이 개발되면서 세계 3분의 1을 감당하면서 경제력이 어마무시해지면서 저들이 세계 1. 2위를 다투잖아. 일본의 대부흥의 시기에 임진왜란 겪은 성리학 신봉주의자들이었던 선비놈들 하는 꼬라지가 열 안 받게 하냔 말이야. 우리도 세상을 바꿔보자고 환생을 꿈꿔 보기로 한 거잖아? 저것들도 환생해서 꼭 하던 짓 또 하는 것 같단 말이야. 그러니까 우리가 어벤져스를 꿈꾸면 제대로 해야 한다는 것이 현파 언니가 만든 시나리오의 맥락이란 말이지. 현파 덕분에 우리 모두 역사 어벤져스 된 것 같은 이 기분 삼삼하다니까."

혜령이 잔잔한 웃음으로만 계원들을 살피는 선유를 부른다.

"유선유. 네 생각을 말해 봐. 너 현파에게 역사에 대해 많이 들었잖아?"

선유가 미소로 혜령과 난효와 현파 그리고 자홍이 티카타카 하는 모습을 지켜보며 웃기만 하다 혜령의 말을 받는다.

"내가 게임 만들면서 또 게이머로서 현파의 역사 강의에서 엄청난 아이디어를 얻곤 했지. <환몽> 계원 모두 역사학 박사학위는 다 갖고 있다고 봐도 무방할 실력들이야. 그러니까 현파 시나리오를 역으로 치고 들어가더라도 이순신 장군 덕질 제대로 해드리는 거잖아. 그 당시 이순신 장군을 연구해 보면 진짜 이순신 장군은 미래에서 회귀한 어벤저스급 캡틴이 아니었을까 생각이 들잖아. 1592년 4월 13일(음) 일어나잖아? 그런데 기가 막히게도 이순신 장군께서 1592년 4월 12일 부임하셨다잖아. 이거 하늘이 보낸 영웅인데 주변에서 못 잡아먹어서 쌩난리를 친 거지. 장군을 살려서 아낌없이 실력을 발휘하실 수 있도록 난효의 정성을 쓰는 건 어떨까?"

듣기만 하고 천성적으로 말수가 적은 선유까지 합류해서 현파를 거들자 난효가 머리를 절레절레 흔들며 웃음을 숨기느라 애쓴다. 이 순간이 즐겁다는 난효식 누림이라는 것을 계원들은 다 안다. 현파는 여전히 난효를 놀린다.

"교수님. 아직도 임진왜란 회귀 작정에 변함없으십니까?"
"응." 난효의 짧은 대답도 매력이어서 웃음을 폭발시키곤 했다.

현파는 쉬지 않고 거침없이 일타강사 폼으로 시나리오 끌어내고 있는데 혜령이가 나선다.

"일단 시나리오 쓰고 연출 각까지 잡아 놓더라도 저승 환생부를 움직여야 하는데 말이지. 자홍이가 먼저 가서 미인계로 휘어잡는 건 어떨까? 가장 먼저 할 일은 망각의 찻잔을 치우는 거야. 찻잔을 치워버려야 이 기억을 그대로 가져올 수 있거든. 자홍아. 할 수 있겠어?"

혜령의 입에서 말이 떨어지기 무섭게 자홍이 뛰쳐나온다.

"이 자홍이에게 맡겨주면 맨발 벗고 뛰어야 하지 않겠어요? 환생부까지 들어가려면 그 전에 저승사자부를 뚫어야한다고. 일단 저승사자들은 쉽지. 저들도 요즘 이승에서 벌이는 꼬라지에 썩소지 않겠어? 뭐? 인명은 재천? 어처구니 없는 현시대의 상황을 막지 못하는 무능력한 방조자들이거나 아니면 협조자인 거야. 저승도 형편이 나을 거 같진 않은데? 어쨌거나 이 자홍이가 사자님들의 복지설계를 해주면서 단숨에 편을 만들 테니 걱정은 붙들어 매 버려. 환생부 대장님 염라대왕? 내게 맡겨! 이 자홍이의 미모로 완전히 녹여버릴 테니. 이 땅에서 사용하지 않고 아껴둔 내 미모와 각.선.미로 아낌없이 털어주지 뭐. 염라대왕님 요즘 노골적으로 벗는 여인들 밝히신다던데. 언니들. 이 자홍이를 믿어주세요. 호호호."

늘 신중에 신중을 기하는 유선유가 잔잔하게 계원들의 귀를 열게 만든다.

"자 들어 봐! 게임을 만드는 일은 진짜 해박한 지식을 요하지. 시대, 사건, 사물, 인물, 몬스타에 포함되는 모든 군에서 생물, 식물, 동물에 이르기까지 낱낱이 알아야 게임을 만들 수 있어. 인간에겐 말이야. 대략 860억 개의 뉴런이라는 신경세포가 있어. 상호 간 주고받는 정보의 네트워크를 형성하고 있지. 인간의 기억 그리고 감정 인체의 모든 활동을 총괄하는 헤드쿼터가 뉴런이야. 우리는 살면서 이 뉴런의 기능을 활용하는데 10퍼센트도 안 된다고 하잖아. 그렇다면 헤드쿼터의 기능을 50퍼센트까지만 쓸 수 있다면 인간은 어떤 상태가 될까? 그거야말로 어벤져스의 탄생이 아닐까? 게임 속에선 100프로 활용도 가능하지. 그러니까 우리가 환생할 때는 50퍼센트 이상의 활용할 수 있는 두 개 골을 달고 나와줘야 하는 거야. 더 이상 사용하게 되면 머리통이 터질 수도 있겠다. 그러니까 50퍼센트까지 사용 승인을 받아보자고. 우린 할 수 있어. 누구부터? 물론 나부터 해야겠지. 그리고 우리 모두."

이 모든 장면을 묵묵히 미소로 일관하면서 캔버스에 부지런히 스케치하는 미주의 그림을 혜령과 현파, 난효, 선유, 자홍이 넘겨다보면서 서로 자신을 예쁘게 그려야 한다고 소릴 지른다. 나만 예쁘면 된다고. 한동안 웃음바다 속에서 난효의 환생 프로젝트는 계속된다. 난효 나이 75세가 되는 생일날 가평 <환몽>에서 잠들었다. 지금쯤 저세상에서 흠모했던 이순신 장군 어벤져스를 탄생시킬 준비로 바쁠 것이다. 우리는 의기투합해서 다음 생에선 세상을 의롭게 이끄는 의인들로 다시 만나기로 한다는 데 의견을 합치했다. 시대를 초월하고 시간을 초월해서 어떤 곳, 어떤 역할, 어떤 의인으로 환생하든 서로 알아볼 징표로 같은 반지를 만들어 마음으로 마법을 거는 의식을 거친 후 나누어 반지를 새끼손가락에 끼었다. 각자 원하는 어벤져스 캐릭터에 대해선 의견이 합치하지 않아 만나면 웃음으로 티격태격하기 일쑤였다. 이들은 마치 지남석에 이끌리는 작은 바늘처럼 <환몽>의 일원으로 뭉쳐졌지만 혜령의 나이 75세인 시점에 막내인 자홍이 문을 열고 길을 닦겠다고 70세 맞는 생일을 기점으로 가장 먼저 떠났다. 얼마 전 75세를 기념으로 떠나기로 한 난효와 작별 의식을 가졌다. 잔잔히 떠나보냈다.

미주와 선유가 생일 차례대로 떠났다. 혜령과 현파가 모든 계원을 배웅하고 떠나기로 했다. 혜령은 75세가 되는 생일 12월 25일 같은 날 태어난 현파와 함께 떠날 예정이다. 혜령은 떠나기 전에 6인의 어벤져스들에 대한 기록을 남기기로 했다. 다시는 이 세상에 오지 않고 6인의 환생을 지켜보겠다는 의지로 담담하게 노트북을 열었다.

1. 장난효

장난효는 혜령이랑 동갑내기다. 2060년 75세가 되었다. 혜령과 같은 고등학교를 함께 다녔고 대학은 각각 다녔지만 국문학을 전공한 공통 분모가 있어서 둘은 둘도 없는 친구로 지내왔다. 난효는 모 대학에서 국문과 교수를 은퇴하고 칠십 세까지 모교 명예교수로 있었다. 이름만 대면 알 만한 유명 변호사 남편을 난효 나이 서른일곱에 교통사고로 떠나보냈다. 남편의 나이 서른여덟이었다. 소송에서 진 자들의 복수가 아니겠냐는 소문이 무성했지만 세월은 잡초처럼 소문을 묻어버렸다. 난효는 딸 하나를 키우며 혼자서 굳세게 삶을 꾸리며 학문을 연구하는 데 일생을 바쳤다. 딸은 미국으로 유학을 떠났는데 그곳에서 미국인 남자를 만나 결혼했고 현재까지 딩크족으로 살고 있다. 난효는 남편이 떠났을 당시에는 억장이 무너지고 아팠지만 빌어먹을 현실을 겪지 않고 먼저 간 남편이 다행스럽다고 생각한다. 딸은 처음엔 1년에 한 번씩 오는가 싶더니 언제부턴가 3년에 한 번쯤 오는 게 힘들다고 난효 여사더러 미국으로 들어오라고 성화였지만 절대 가지 않겠다고 버텼다. 미국으로 가면 표류하는 섬이 되고 말 거라나.

난효가 혼자 되자 동료 교수였던 대학 동창 재석이 한 세월 난효를 흠모하며 바라보았지만 난효는 끝내 재석을 품지 않았다. 난효는 진심으로 먼저 떠난 남편을 사랑했고 그 사랑을 지켜야한다면서 결혼반지를 손가락에서 뺀 적이 없었다. 첫사랑도 끝사랑도 영원을 약속했던 남편이었던 남자 김승하여야 한다고 했다. 난효는 탁월한 유쾌함과 발랄함으로 세상을 밝히면서 진정 아름답고 품위가 넘치는 여인이었다.

난효는 떠나기 전에 재산을 정리해 <환몽>에 기탁했다. 다시 돌아와서 쓸거라면서 호기롭게 웃었다. 혜령과 함께 실질적으로 <환몽>을 만든 난효는 계원들을 아꼈다. 계원들이 모이면 늘 난효를 중심으로 입담이 시작되었다. 난효는 먼저 이순신 장군에 대한 영웅담을 시작했고 본인의 결사 의지로 반드시 장군과 같은 영웅으로 이 세상을 구원하러 오겠다고 호언을 아끼지 않았다. 계원들은 그런 난효를 기둥처럼 의지하고 신뢰했으며 산처럼 든든히 여겼다.

2. 황현파

어려서부터 역사에 관심이 많아 역사책을 죄다 외우다시피 했던 천재적인 두뇌 소유자였다. 역사학을 전공했고 국내 역사뿐만 아니라 일본 중국 중동 유럽의 역사까지 독파한 천재형 역사학자다. 굳이 자라나는 중고등학생들에게 역사를 인지시키고 중요성을 가르치는 것이 보람이며 교편 생활을 몇 년 하는 동안 역사에 등장하는 권력과 탐욕이 결합된 불의인들로 인해 역사가 비틀릴 때마다 그들을 향해 거침없이 기관총처럼 욕설을 난사하는 통에 학생들에겐 환호를 받았지만 교육계에서 태클을 거는 것이 마땅치 않다면서 어느 날 강남 학원가에 나타나 일타강사로 명성을 휘날렸다. 입시면 입시, 공무원이면 공무원, 모든 시험에 있어 역사만큼은 황현파라는 위명을 얻었다. 대학에서 끊임없는 콜이 왔지만 귓등으로 흘렸고 초지일관 바른 역사관을 후손들에게 전해야 하는 사명으로 살았다. 사랑은 하되 결혼은 선택이라는 좌우명으로 삼아 끝내 실컷 연애하고 사랑하겠다는 소신으로 살았다. 그러나 역사를 탐구하고 끊임없이 현장답사를 하면서 바쁘게 살아내다보니 연애할 시간이 없었다고 변명 아닌 변명으로 웃음을 자아내게 하는 재주꾼이었다. 일타강사를 그만두고 세계의 역사를 더듬어 활보하고 다니던 중 만난 중동의 역사학자를 사랑했다. 터번을 쓴 남자가 무척 매력적이었다고 했다. 그냥 끌려서 운명적으로 사랑을 시작했다는 현파는 오십이 되면서 그 남자를 떠났다. 세상이 어수선하고 인간의 수명에 대한 청소가 언급되자 그래도 국내가 나을 것 같다며 돌아왔지만 세계의 흐름과 맞물려 돌아가는 행태에 진저리를 쳤다. 어릴 적 한 마을에서 어린 시절을 함께 보냈던 혜령과는 웃음과 눈물을 함께 공유했다. 혜령은 현파가 강남에서 일타강사를 시작하던 시절 현파의 영상을 모니터링 해주면서 그녀의 역사 강의에 한껏 매료되어 흠뻑 빠진 팬이기도 했다. 김치며 반찬을 쉴 새 없이 해 나르고 시간만 나면 어우려져 다니는 모습을 본 사람들은 레즈 팀이라고 부르기도 했지만 무관심으로 일관했다. 그러거나 말거나 혜령과 현파는 이름에 공용어로 ㅎ이 들어가고 태어난 생일도 같다면서 전생 이생 자매라는 그럴싸한 설을 주장하며 주변을 웃게 만들었다. 참 그 세월은 낡지도 않았다. 늘 푸르렀다. 언제나 싱그럽게 잎이 무성하고 과실이 주렁거렸다. 현파는 일타강사를 그만두고 중동의 역사를 섭렵하고 말겠다며 늦은 나이에 아랍으로 유학을 떠나기도 했었다. 거기서 한 남자를 만나 넘치게 사랑하고 아낌없이 주었다고 했다. 혜령은 현파의 재능을 아꼈고 그녀의 행보를 지원해주었다. 최후에 혜령과 남아 계원들을 따뜻하게 손잡아 보내줄 것이다. 그리고 조선의 광해로 회귀거나 빙의를 해서 역사를 찬란하게 바꾸겠다고 호언하며 떠날 것이다.

3. 송자홍

자홍은 <환몽>에서 막내다. 딱 칠십이 되었다. 어딜 가나 스스로든 뭐로든 미인계를 자처하면서 일을 수월하게 만드는 재주꾼이다. 유쾌하고 명랑하고 쾌활 담당으로 <환몽>을 매번 많이 웃게 하는 능력자다. 자홍은 충청도 예산에 땅 부잣집으로 일컫는 송 부잣집 칠 남매 중 막내딸이다. 막내로 태어나 사랑받는 일은 좋았으나 일찍 부모와 작별을 하고 큰오빠집에서 학창 시절을 살았다. 큰오빠는 일대에 과부가 된 여자들은 다 자기 여자였다. 심지어는 어엿

한 남편이 있는 여자들까지 집적대다 동네에서 집안에서 시끄러운 일이 잦았다. 날마다 싸우는 큰오빠 부부를 보면서 결혼하지 않겠다고 선언했다. 비혼주의자로 살 것을 선포하고 남자에게 그 아까운 미모를 절대 넘볼 기회를 허락하지 않고 칠십까지 온 것이다. 자홍은 사회를 위해 헌신하고 살겠다면서 사회복지를 전공하면서 미국 영국 일본을 돌면서 선진국의 사회복지를 열심히 탐구했다. 사회복지사로 한평생 일하면서 살아왔다. 칠십이지만 건강하고 씩씩하고 밝아서 누구나 좋아하는 사람이다. 혜령과 맺은 인연으로 오랜 세월 언니 동생 하면서 살았다. 계를 만든다고 하자마자 본인이 있어야 할 자리가 바로 <환몽>이라고 하면서 맴버가 되었다. 자홍은 무자식 상팔자를 실천하면서 사는 것도 괜찮은 인생이라고 너스레를 떨면서 자식들 이야기로 화제가 돌 때면 상담사를 자처하고 나서곤 해서 웃음꽃을 만발시키곤 했다. 자홍은 자신이 평생 모아온 돈을 투자해서 해바라기 주택을 짓겠다고 통보를 하더니 경기도를 샅샅이 뒤지면서 일 년을 돌아다녔다고 했다. 산 좋고 물 좋은 곳에 대형 종합병원도 있어야 한다나 어쩐다나 앞뒤 맞지 않은 말을 남발하면서. 그러더니 강원도로 넘어갔다고 했다. 춘천에 닿아보니 그렇게 좋더라나. 춘천 찬양을 해대더니 가평 쪽으로 땅을 샀노라고 자랑질을 해댔다. 혼자서 하면 부담이 크니 서로 얼마간씩 힘을 보태자 해도 <환몽>은 본인이 선물할 테니 돈 모아 해외여행 국내 여행 여한 없이 다니자며 자기 유산으로 받은 돈도 있으니 쓰고 죽겠다면서 한사코 손사래 일색이었다. 5년 전 햇살 좋은 어느

해 봄날 각자의 폰으로 주소를 보내놓고 계원들을 다 모이라 통보했다. 그곳에 <환몽>이란 현판이 걸린 너무나도 아름다운 집이었다.

"언니들. 쥑이지? 내가 누구야? 천하일색 송자홍 아니겠어? 내 안목이 어때? <환몽>을 꿀만 <환몽> 같지? 이 세상을 따뜻하고 보람 넘치는 세상으로 구현하고자 파릇한 꿈을 가지고 사회복지를 전공했는데, 와우 띠발. 힘깨나 쓰고 방귀깨나 뀌는 놈들 복지를 위해 이십 년을 붙 들려 일을 했네? 스트레스 좀 풀게 해 줘. 생각만 해도 이가 박박 갈리는 일을 해대면서 번 돈만은 제대로 쓰고 죽게 해달라고…… 그러니까 언니들이 자비를 베푸는 거지. 크흡. 쥑이는 각본이잖아? 실력 있는 건축가에게 의뢰해서 우리들의 노년이 최고이길 바라는 마음으로 지은 여러분들의 어벤져스 꿈을 이룰 <환몽>입니다." 그날 6인의 계원들은 자살조력계를 정말 잘 만들었구나 자찬하면서 엄청 뿌듯했다. 태어나서 어차피 죽을 거라면 좀 뽀대 나게 폼나게 죽는 것도 괜찮지. 괜찮아. 하면서 서로 자위하며 우리 멋지게 죽자를 외쳐댔다. 그리고 덧붙여 꼭 다시 와서 못된 것들과 삿된 것들을 싹 쓸어 자홍은 수천억을 가진 사회복지가로 환생해서 부조리한 사회를 싹 뒤집고 갈아엎어서 재개발하겠다고 거품을 물고 이 연사 외칩니다를 쉬지 않는다. 계원들은 꼭 이루라면서 무조건 응원했다. 자홍은 일찍 가서 저승사자부와 환생부를 구워삶아 개조해 놓겠다고 장담하며 70세 생일 1월 10일 첫 번째로 손을 흔들며 떠났다. 각자 꿈꾸었던 어벤져스로 만나자며 눈을 크게 뜬 채로 갔다.

<환몽> 계원들을 다시 만날 생각으로 심장도 꽃밭, 머릿속도 꽃밭이라며 눈을 감기지 말라는 엉뚱한 유언을 남기며 끝까지 웃음을 선물로 남겨 놓고.

4. 백미주

 백미주는 길거리 화가다. 한때 야무진 꿈을 갖고 파리 루브르 박물관에 자신의 그림을 거는 거장이 되겠노라는 자부심 캔버스에 붓질을 하던 때가 있었다. 미주의 타오르는 감각은 빼어났고 누구라도 탐내는 재능의 소유자였다. 미주는 고아였다. 보육원에서 자란 미주는 천재 화가인 양부모에게 입양된 입양아였다. 미주가 입양되기 전에 먼저 입양된 강준이 있었다. 강준은 미주보다 두 살 위였다. 미주는 강준이 입양아인 줄 알지 못했다. 화가인 백설민과 양소진은 자식이 없었다. 미술에 재능이 있는 아이들을 입양하려고 찾아다녔다. 먼저 강준을 초등학교 2학년 때 입양했다고 했다. 초등부 미술 전시회에서 마주한 강준의 그림이 백설민의 눈에 띄면서 김강준은 입양되어 백강준이 되었다고 했다. 미주가 백설민 화가 집에 입양된 시기는 중학교 2학년 때였다. 전국 중등부 미술대회에서 미주가 대상을 받으면서 양소진 화가의 선택을 받아 서미주에서 미주는 백미주가 되었다. 양부모의 기대에 미치는 그림을 그리기 위해 미주는 미치도록 좋아하는 그림을 그렸고 타고난 천재성이 각성하면서 미주를 빛나게 하기에 부족함이 없었다. 고등학교도 프랑스로 유학해 유명 예술학교에서 학업하면서 루브르 박물관, 오르세 미술관, 루소 기념 기술미술관에 자신의 작품을 걸고 말겠다는 포부로 포트폴리오를 만들었다. 그런데 있는 힘을 다해 만들었던 포트폴리와 자신의 작품들과 작품에 대한 아이디어가 감쪽같이 증발했다. 전시회까진 절대 작품을 노출하지 않겠다면서 숨겨온 것이 독이 될 줄은 새까맣게 몰랐다. 그것도 자신을 입양해서 물심양면으로 지원을 아끼지 않았던 양부 백설민 화백의 조언이 결국 함정이고 늪이었다는 것을 깨달은 것은 너무나도 큰 절망을 겪고 난 후였다. 먼저 프랑스 유명한 르 아브르 국립예술학교에 유학 중인 강준이 미주의 모든것을 고스란히 훔쳐가서 보란 듯이 전시회를 열어 천재 화가로 발돋움을 한 이후였다. 강준은 미주의 포트폴리오와 아이디어로 프랑스에서 급격하게 유망주로 떠올랐고 실제로 세계 최고의 화가의 반열에 올랐다. 그때 알게 되었다. 강준은 입양이 된 것 같았지만 실제로 백설민 화가의 친자식이었고 사연이 있어 강준의 친모와 결혼하지 못하고 양소진과 결혼했다는 것을. 그리고 미주의 재능은 오직 강준을 위해 쓰이도록 안배되었고 계획되었다는 것을.

　미주는 절망하고 또 절망했지만 자신의 꿈을 훔쳐간 강준이 미주의 꿈에 머무르지 않고 자신의 세계를 열어 우뚝 선 것을 보면서 위안으로 삼기로 했다. 미주는 거리 미술사로 생을 이어냈지만 불행하지 않았다. 계절이 바뀌는 것처럼 만남도 헤어짐도 다가오고 멀어지고를 반복했다. 미주는 사진 한 장을 그려줄 수 있느냐며 <환몽>의 다섯 계원인 여인들이 아름다운 집에서 서로 손을 잡고 활짝 웃는 모습을 담긴 사진을 건네는 여자를 먹먹히 바라보았다. 자신이 팬이었던 소설가 박혜령이었다. 그렇게 모듬 인연 <환몽>으로 이끌렸고 미주는 <환몽>을 따뜻한 봄날이란 주제로 환상적인 아뜨리에로 꾸몄다. 미주가 개인 갤러리라고 소개한 작은 창고엔 눈을 뜰 수 없을 만큼 환상적인 그림들로 쌓여있었다. 그 작품들은 모두 가평 <환몽>으로 옮겨져 설치되었고 관객이 된 계원들은 그림 앞에서 놀라움을 금치 못하고 탄성을 내질렀다. 미주는 르부르 박물관을 점령하는 어벤져스를 꿈꾸면서 캔버스에 <환몽>을 둘러싸고 손을 잡은 6인의 어벤져스 꿈을 그려놓았다. 그 옆에 자신이 나비가 되어 날아오르는 모습이 담긴 자화상을 감상하는, 잔뜩 포만에 겨운 자세로 영혼을 저쪽 세상으로 공간이동해 갔다. 주홍이 자신을 맞이하는 모습이 보인다는 말을 남겨둔 채.

5. 유선유

한동안 초등학교에서 중학교까지 세상을 떠들썩하게 했던 천재적인 양궁선수였다. 최연소 국가대표가 나올 거라는 전망이 뉴스를 점령하기도 했다. 선유는 천재적으로 활을 잘 쏘았다. 신체 조건도 맞게 자랐고 특히 운동을 좋아해 국궁을 즐겼던 아빠를 닮았다. 활을 쏘는 아빠가 멋있다면서 고명딸 선유가 활을 가지고 노는 것을 즐겼다. 재미로 활을 가지고 놀더니 활에 대한 원리를 깨닫고 아빠처럼 활을 쏘는 자세를 잡더니 활을 쏘았다. 보는 사람들이 깜짝 놀라서 천재가 났다면서 양궁을 가르쳐 보라고 했다. 초등학교 2학년이 되면서 본격적으로 양궁을 잡은 선유는 보는 이들이 입을 쩍 벌릴 정도로 과녁 중앙에 활을 꽂아 넣었다. 초등부를 휩쓸고 중등부를 평정하며 최연소 국가대표 선수가 확실시될 거란 데 대해 이견이 없었다. 국가대표 선발전을 앞두고 연습에 매진하고 있던 시간에 집에서 연락이 왔다. 엄마였다. 아빠가 출장을 마치고 집으로 돌아오던 길에 사고가 났다는 것이다. 병원을 알려주며 차분히 연습 마치고 오라는 엄마의 당부에도 선유의 활을 잡은 손이 덜덜 떨렸다. 예감이 좋지 않았다. 엄마는 큰 사고가 아니라고 애써 침착을 가장했지만 엄마의 떨리는 목소리를 놓치지 않았다. 선유는 코치에게 사정을 설명하고 학교 밖으로 뛰었다. 코치는 늘 침착하던 선유가 허둥대는 것을 보면서 아무리 급해도 자율주행 택시는 타지 말라고 선유 등에 대고 큰 소리로 말했다. 자율주행 택시가 시험차 운행되면서 사고가 잦았던 시기였다. 그러나 선유는 듣지 못했다. 학교 앞 큰길에서 자율주행 택시를 탔다. 선유는 자율주행 택시를 타고 병원을 입력했다. 거의 아빠가 있다는 병원에 도착 직전이었다. 갑자기 자율주행 택시가 서지 말아야 할 곳에 서버렸다. 큰길 한복판이었다. 순식간에 뒷차가 선유가 타고 있던 택시를 들이받았다. 심하게 접촉한 것 같지 않았는데 연쇄적으로 세 대의 차가 꼬리를 물고 접촉한 사태가 벌어졌다. 충격으로 선유의 몸이 앞으로 쏠렸다. 안전벨트가 잡아주었지만 3중 추돌의 충격은 컸다. 에어백이 터져야 하는 데도 작동하지 않았다. 선유의 팔이 충격을 견디려고 손잡이를 잡았고 손잡이를 잡고 버티는 과정에서 팔이 비틀렸다.

선유는 아빠가 사고로 입원했다는 병원 응급실로 옮겨졌고 여러 검사를 한 후에야 아빠를 만날 수 있었다. 다행히 아빠는 중상을 입었지만 목숨에는 지장이 없다고 했다. 선유의 오른팔에 대한 진료 결과를 마주하던 날 선유는 정신이 붕괴된 듯 흔들렸고 선유의 부모도 역시 같은 정신적인 충격에서 헤어 나오지 못했다. 오른팔에 미세한 신경의 손상이 일어나 일상은 걱정 없으나 활을 컨트롤하기엔 무리라는 진단이 내려진 것이다. 선유와 부모는 선유의 재활에 전력을 기울였지만 끝내 활을 쏠 수 없었다. 막 시행된 자율주행 택시 사고는 잦았지만 정부는 기업의 손을 들어주었고 서민들은 당한 사고에 대해 배상금을 받고 그저 눈감을 수밖에 없었다. 선유의 사고가 크게 부각되면서 자율주행 택시는 결국 멈춰 섰고 전기차의 공급률이 높아지면서 십여 년 후에 다시 운행이 재개되었다. 활을 놓으면서 아무것도 할 수 없다는 것을 깨달으면서 선유는 슬펐고 우울했다. 그러나 염려하고 아파하는 가족들을 위해서 주저앉아 있을 수가 없었다. 선유는 활을 주인공으로 하는 게임을 만들기로 했다. 유선유는 만든 게임 속 활의 전사, 활의 여왕, 활의 바람으로 불리는 주인공의 이름이기도 하다. 선유는 게이머가 되기로 작정하고 각종 게임을 섭렵하기 시작했다. 특히 활이 나오는 게임은 선유를 따를 자가 없었다. 대학에서 게임을 만들 수 있는 학과를 전공했고 유명 IT 회사에 취업했다. 게임의 세계에서 선유는 천재성을 마음껏 발휘했다. 선유는 게임 회사 주식에 투자해서 자금을 모았다. 꽤나 큰 자금을 손에 쥐었을 때 선유 나이 사십이 되던 해 박혜령의 소설을 보게 되었다고 했다. 특이한 이야기로 꾸며진 아홉 편의 단편소설을 읽은 선유는 혜령의 팬이 되었다. 선유는 혜령에게 자신을 활의 전사, 활의 여왕, 활의 바람으로 불리는 전설의 주인공으로 시나리오를 써달라고 의뢰했다. 선유와 혜령은 그렇게 마흔에 만나 동갑내기 친구가 되었다. 혜령은 선유의 의뢰대로 시나리오를 써주었고 유명 게임 회사에 공모하면서 선유의 작품 <활의 여왕 선유의 전설>이 게임으로 출시되었고 게임은 중국 시장에서 대박을 터트렸다. 선유는 난효가 떠난 후 살맛이 나지 않는다고 투덜대기 일쑤였다. 그녀도 75세 생일 유난히 뜨거웠던 8월의 중간 날 자신이 꿈을 향해 쏘았던 활을 가슴에 안고 <활의 바람>으로 다시 돌아오겠다며 <환몽>의 반지에 키스한 채로 떠났다.

설핏 노을이 강가로 걸어 들어올 때쯤 혜령과 현파가 가평 <환몽> 테라스에서 차를 나누며 누군가를 기다리고 있다. <환몽>의 계원이 되고 싶다는 간절한 바람을 전해온 사람이 찾아오기로 했기 때문이다. 필사의 생에 대한 연극을 마치고 무대의 막을 내리려던 차에, 느닷없는 사람의 느닷없는 간청에 곧 무대 막을 내릴 거라며 마땅히 거절했지만, 거절을 거절하고 달려오고 있다는 사람을 기다림으로 서 있으면서 또 다른 꿈을 꾸었다. <환몽>을 맡겨도 될 사람일까? <끝>

秀重 **박하경**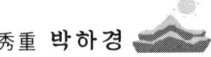

61년 보성출생
시인, 수필가, 소설가, 한국문인협회 회원. 한국소설가협회 회원
현대문학사조 편집위원, 현대문학사조 부회장, 지필문학 부회장,
지필문학 대한문학 편집위원, 종자와 시인 박물관 운영위원
한탄강 문학상 심사위원
저서 : 시집 『 꽃굿 』 『헛소리 같지 않은 뺄소리라고 누가 그래?』 소설집 『군남여사 나셨도다』 『한국시인 시 대사전 수록』
제2회 잡지 수기 대상 문광부장관상 수상, 경기광주예술공로상 수상, 현대문학사조 40인 동인 우수작품상 수상, 2023 한국문인협회 이사장상 수상, 현대문학사조 2024 작가대상 수상, 대한문학 2024 작가대상 수상
vrerere@hanmail.net

단편소설

갯벌 바다

이영숙

 아저씨. 아저씨. 물에 빠진 해라는 아저씨를 부르며 구해달라고 울었다. 물살이 무섭게 밀려왔다. 질퍽질퍽한 갯벌에 점점 빠져들었다. 언니, 언니야, 물이 계속 들어와, 나 무서워, 나 좀 물 밖으로 꺼내줘…… 해라는 바들바들 떨며 소리쳤다. 이마에서 구슬 같은 땀방울이 전신으로 번져 속옷까지 축축하게 스몄다. 자리에서 벌떡 일어났다. 머리맡 스탠드의 핑크색 불빛이 갑자기 무서워졌다. 순간 외로움이 밀물처럼 밀려왔다.

 -나는 왜 아직도 어렸을 적에 물에 빠져 죽을 뻔한 공포에서 벗어나지 못하고 이렇게 밤마다 허공을 헤매며 아저씨를 부르고 있을까.-

 창밖으로 뽀얗게 동이 터왔다. 소지품과 옷을 챙겨 캐리어에 차곡차곡 넣었다. 욕조에 물을 받아 반신욕을 하였다. 해라는 화장대 앞에 앉아 얼굴을 보았다. 젊은 날에는 제법 곱던 피부였는데, 팔자 주름의 고랑이 깊어지고 있었다. 립스틱을 짙게 바르고 검정 원피스에 갈색 코트를 걸쳤다. 해라는 아파트 지하 주차장으로 내려갔다. 엄마는 화사한 색이 어울린다며 아들이 선물해준 자주색 승용차에 시동을 걸었다. 아들에게 메시지를 보냈다.

-아들아. 엄마 여행 다녀올게.-

전남 고흥 쪽으로 핸들을 틀었다. 해라가 살던 고향에서 조금 떨어진 곳에 그 바다가 있다. 밤마다 꿈속에서 나를 부르는 그 바닷가에 갈 작정이다. 아침 햇살이 벌겋게 번져 간다. 눈이 부시다. 해라는 고속도로를 달린다. 녹음이 짙었던 산야는 가을답게 나뭇잎들이 붉게 물들었다. 들녘에는 황금물결이 출렁이고 군데군데 밀대 모자를 쓴 허수아비들이 바람에 흔들거린다. 남편과 여행을 떠난다면 얼마나 좋을까. 그는 왜 그렇게 빨리 떠나야만 했을까. 함께한 지난 날이 떠오르니 남편이 몹시 보고 싶어진다.

아들이 초등학교 2학년, 따뜻한 봄날이었다. 해라는 전화 한 통을 받았다.

"여기는 경찰서입니다. 김해라씨인가요?"

"네. 그런데 무슨 일이신데요?"

"장대선씨가 남편인가요?"

"네. 제 남편입니다."

"현장에서 사고가 났습니다. S병원으로 가보세요."

해라는 하던 일을 멈추고 허겁지겁 택시를 잡아타고 병원으로 갔다. 해라는 남편이 있는 곳으로 뛰어갔다. 하얀 천이 남편을 덮고 있었다. 설마 아니겠지. 해라는 하얀 천을 들쳤다. 분명 남편 얼굴이었다. 하지만 남편은 이미 싸늘한 주검으로 변한 뒤였다. 출근할 때 미소 짓던 모습은 보이지 않았다. 해라는 그 자리에 주저앉아 버렸다. 이 세상에 가족이라고는 어린 아들밖에 없다. 미래를 꿈꾸며 차곡차곡 쌓아둔 당신과의 약속은 어찌하란 말인가. 해라는 미친 듯이 밖으로 뛰어나왔다. 해맑게 떠가는 구름을 붙잡고 묻고 싶었다.

-엄마는 내가 엄마 없이 얼마나 힘들게 살아왔는지 알아? 간신히 좋은 사람 만나 애도 낳고 행복했는데…. 이제는 남편도 없이 살라고?-

부모님과 행복하게 살던 고향길로 접어들었다. 시골 장날, 버스가 비탈진 산언덕에서 굴러버렸다. 해라는 그 사고로 부모님을 잃고 하루아침에 고아가 되었다. 겨우 초등학교 3학년 때 일이다. 그날을 상기하면 가슴이 미어진다. 지금은 사고가 났던 그 언덕길 옆으로 쭉 뻗은 이차선도로가 생겼다.

남편이 떠나자, 시어머니는 해라 혼자 살기가 버겁겠다며 시골에 내려오지 말라고 하셨다. 시어머니는 제사와 명절은 둘째 아들이 지내도록 했다. 마을에 도착한 해라는 시어머니가 살고 계시는 집으로 향했다. 좁은 골목들이 자동차가 다닐 수 있게 잘 포장되어 있었다. 30가구 정도 되는 마을은 아담하고 포근한 느낌을 주었다. 아버지 땅이 한 뼘이라도 남아있었다면 나는 고향으로 귀농했으리라. 대문 옆 감나무에는 수줍은 새색시 볼처럼 발갛게 익은 감들이 주렁주렁 매달려있다. 해라는 대문을 밀고 들어갔다. 시어머니는 고구마 줄기를 손질하다 말고 벌떡 일어나 뛰어왔다.

"내 새끼. 어쩐 일이냐?"

"어머니 보고 싶어서 왔어요."

"손자도 잘 있나?"

"네. 회사 일이 바빠서 함께 못해 죄송하다고 할머니께 전해 달라고 했어요."

해라는 시어머니를 시어머니는 해라를 꼭 껴안았다. 시어머니의 손등은 햇볕에 까맣게 그을렸고, 손톱도 고구마 줄기에 물들어 거무죽죽했다. 해라는 자동차 트렁크 문을 열고 화장품과 고기를 꺼내 방으로 들어갔다. 시어머니는 시골 어르신 같지 않게 집 정리를 잘하고 사신다. 안방 벽에는 누렇게 변색 된 해라 아들 돌 사진과 가족사진이 걸려있다. 사진 속에서 해 맑게 웃고 있는 남편이 무척 보고 싶다.

"어머니, 돌사진을 아직까지 벽에 걸어 놓았어요?"

"내가 죽을 때까지 걸려있겠지."

된장국을 끓여서 시어머니와 저녁을 먹었다. 고구마 줄기를 마저 손질하고 TV를 켰다. 시어머니가 좋아하는 가요무대에서 젊은 가수가 나훈아의 '고향역'을 구성지게 부르고 있다.

"시아버지가 생전에 좋아하셨던 노래구나."

"아버님이 그리우세요?"

"가끔 생각나기도 하드라. 젊은 너는 오죽하겠냐? 더 늦기 전에 좋은 사람 있으면 가거라. 벌써 너 나이가 50이 넘었지?"

"생각해 볼게요."

해라는 건성으로 대답하여 시어머니의 질문을 막았다. 시어머니는 따로 이부자리를 펴 주었다. 해라는 시어머니와 같이 자겠다고 고집을 부렸다. 시어머니는 자리에서 일어나

샤워하고 옷을 갈아입었다. 그리고 로션을 손바닥에 두어 번 탁탁 치더니 얼굴에 문질러 바르고 해라 곁으로 왔다. 시어머니 모습에서 엄마가 사무치게 그리워졌다. 부모님이 살아 계실 때 시아버지는 해라 집 머슴이었다. 부모님은 성실하게 일하는 머슴에게 큰 논배미를 주셨다. 그 논배미로 시어머니는 살림을 일구고 사셨다.

"내 새끼. 아버지 땅 팔지 않았으면 부자로 살 텐데. 땅 몽땅 팔아서 부산으로 이사 간 작은아버지는 잘사냐? 나쁜 사람이야. 나쁜 사람이고 말고."

시어머니는 아직도 부모님 땅에 미련이 남아있는지 흥분을 가라앉히지 못하셨다.

작은아버지는 키도 크고 체격이 좋았다. 아버지와 다르게 배짱도 두둑한 사람이었다. 피부가 까무잡잡하고 건들건들 걸을 때 보면 꼭 깡패 두목같이 무서웠다. 아버지는 술도 좋아하지 않았고 소심한 편이었다. 작은아버지는 술을 즐기셨고 여자를 좋아했다. 작은어머니와 사흘이 멀다 하고 싸울 때면 여자가 단골손님으로 등장했다. 갑작스러운 사고로 부모님 장례를 치르자마자 작은아버지는 해라 집으로 이사했다. 여유롭게 머슴도 두고 살았다. 그 당시 해라는 너무 어려서 작은아버지에게 부모님 재산에 대해 거론할 수 없었다.

고등학교 2학년 초여름 어느 날, 대문으로 들어서다가 마당에서 서성거리던 작은아버지와 마주쳤다. 해라는 가볍게 인사하고 방으로 들어갔다. 옷을 갈아입고 있는데 갑자기 문이 확 열렸다. 작은아버지는 아랑곳하지 않고 후다닥 방으로 들어왔다. 그리고 해라가 벗고 있는 교복을 방 구석진 곳으로 던져 버렸다. 해라는 앞가슴을 안고 부들부들 떨었다. 작은아버지는 해라를 안았다. 속옷을 우지직 벗겨버렸다. 작은아버지 손이 앞가슴을 더듬고 입술을 포개려고 하는 순간 해라는 숨을 쉴 수가 없었다. 눈물이 주르르 흘러내렸다. 그 눈물이 작은아버지 손등으로 뚝뚝 떨어졌다.
"내가 그렇게 싫으냐?"

속삭이듯 말하는 목소리에 진저리가 쳐졌다. 막걸리 구린내가 진동했다. 구역질이 나왔다. 작은아버지는 체념한 듯 해라를 한참이나 노려보다가 밖으로 나가 버렸다. 해라는 먼저 떠나버린 부모님이 원망스러웠다. 그날 이후에 작은아버지와 마주치는 일은 거의 없었다. 해라는 고등학교를 졸업하고 서울로 독립할 수 있도록 작은아버지 딸인 사촌 언니에게 부탁했다. 이 집에서 해라를 아껴주고 사랑해 준 유일한 사람이었다.

몇 달 후, 작은아버지와 언니는 서울 변두리에 방을 얻어 주며 이불과 필요한 생필품을 사주었다. 사촌 언니는 더 좋은 방으로 얻어 주지 못해 미안하다며 해라를 꼭 껴안고 눈물을 흘렸다. 사촌 언니는 작은아버지가 해라 부모님 재산을 가로챈 사실을 아는 것 같았다. 두 평 남짓한 방에 누웠다. 퇴색된 벽지로 개미가 열을 지어 지나갔다. 귀 옆으로 흐르는 물줄기가 베개 속으로 스며들었다. 하지만 자유를 찾았다는 설렘도 있었다.

비가 자박자박 내리는 일요일이었다.

"해라야. 해라야."

작은아버지 목소리였다. 부엌문을 사정없이 두들겼다. 가슴이 조이고 다리가 바들바들 떨리는 해라는 망설이다가 문을 열었다. 악취가 코를 자극했다. 부뚜막을 딛고 방으로 들어선 작은아버지가 말했다.

"어떠냐? 시골집보다 좋으냐?"

"아니요. 작은아버지 집이 더 좋지요."

해라는 떨리는 목소리로 마음에도 없는 대답을 했다. 작은아버지가 무서워서 쳐다볼 수 없었다. 작은아버지는 번개처럼 다가와 해라를 끌어안았다.

"부탁이에요. 아버지를 봐서라도 저를 놔 주세요. 제발요."

해라는 죽기밖에 더 하겠냐는 배짱이 생겼다.

"차라리 죽이세요. 죽여요. 우리 아버지를 생각하면 어떻게 작은아버지가 이럴 수 있어요."

작은아버지 가슴 속에서 소리치고 발버둥을 쳤지만, 아무런 대답이 없었다. 정적이 흐르더니 작은아버지는 해라를 한 손으로 힘차게 밀쳐 버렸다. 해라는 벽에 부딪히면서 방바닥으로 떨어졌다.

"못된 가시나. 여기서 아버지를 왜 들먹거려? 맥 빠지게. 이런 년을 조카라고 안타까워서 집 사주려고 올라온 내가 병신이지."

작은아버지는 코를 씩씩거리면서 말했다. 그리고 컥컥거리더니 가래침을 부엌 바닥에 내뱉었다. 작은아버지는 앞가슴을 두어 번 툭툭 치고 벼락같이 문을 열고 사라져 버렸다.

 이 엄청나고 무서운 사건을 시어머니가 알면 부모님 땅 이야기를 더 할 수 있을까. 이 기막힌 아픔이 해라 가슴속에 돌덩이가 되어 묻혀있다. 이 무거운 돌덩이가 조각조각 부서질 날이 있을까.
 -엄마. 지금 어디세요?-
 아들에게서 메시지가 왔다.
 -여행 가는 길에 할머니 집에 왔어. 할머니가 아들 많이 궁금해하신다. 연락드리렴.-
 세상에 하나뿐인 보물 같은 내 아들. 남편이 가고 20년을 넘게 살면서 단 한 번도 얼굴을 붉힌 적이 없었다. 시어머니는 해라 옆으로 와서 손을 만지작거렸다. 부모님 살아있으면 공주처럼 곱게 살았을 텐데 여태 고생만 하고 살았다면서 긴 한숨을 몰아쉬었다.
 꼬끼오. 꼬끼오. 정겹게 새벽을 알리는 소리에 해라는 눈을 떴다. 밖으로 나와보니 시어머니는 밭에서 수확한 것들을 차곡차곡 박스에 담고 있었다. 해라는 방으로 들어가 미리 준비한 하얀 봉투를 TV 옆에 놓았다. 아침을 먹고 차 시동을 걸었다. 언제나 변함없이 다정다감한 시어머니를 뒤로하고 해라는 갯벌 바다로 향했다. 옛길을 찾아볼 수 없을 만치 도로가 변했고, 갯벌 바다는 평야가 되어 있었다. 이렇게 변해 버리다니. 갯벌 사건이 순식간에 스쳐 갔다.
 초등학교 5학년 때 일이다. 산야는 빨간 사과처럼 곱게 물들었다. 아주머니들이 즐비하게 늘어서서 대바구니 들고 썰물 때를 기다려 바다로 나갔다. 해라도 언니를 따랐다. 넓은 바닷가 갯벌에는 여기저기 뛰어다니는 짱뚱어, 슬금슬금 기어 다니는 게, 그림을 그리듯 지나가는 고동의 그 모습은 장관이다. 어쩌다 구름이 햇살을 품고 잔잔한 미풍이라도 스치면 정말 시원하다. 아주머니들 곁에서 멀리 떨어져 있지 말라고 언니는 늘 말했다. 그날도 여전히 해라는 짱뚱어도 잡고 빨간 집게를 쫓아다니며 놀았다. 주위에 아무도 없이 혼자 있는지도 몰랐다.

"해라야, 빨리 나와. 물이 들어오고 있어."

저 멀리 바다 갓길에서 언니와 아주머니들이 발을 동동 구르며 소리쳤다. 바닷가 고랑을 보니 물이 넘실거리며 차오른다. 머리부터 발끝까지 뻘로 뒤범벅이 된 해라는 창백해진 얼굴로 푸들푸들 떨었다.

"언니! 언니야! 물이 계속 들어와. 나 무서워. 나 좀 데리고 가."

눈물마저도 멎어버린 애타는 심정을 알았는지, 지나가는 아저씨가 허겁지겁 바다로 뛰어들어 해라를 안고 바다 갓길로 나왔다. 해라는 시퍼렇게 질려서 땅에 쓰러지고, 언니는 눈물범벅이 된 얼굴로 해라에게 달려왔다. 그 아저씨는 심호흡을 서너 번 하더니, 유유히 사라졌다고 한다. 해라는 바닷물이 차오르던 그 무서운 순간이 뇌리에서 떠나지 않았다. 몸이 불덩이가 되어 학교도 결석했다. 일주일 만에 학교에 간 해라는 수업이 끝나고 마을 친구들에게 바다에서 일어난 무서웠던 이야기를 했다. 친구 중 한 명이 걸음을 멈추고 해라를 빤히 쳐다봤다.

"며칠 전에 내 짝꿍이 말했어. 밀물이 들어와 바다에서 나오지 못한 여자아이를 아버지가 구해주었다고. 하마터면 큰일 날 뻔했다고. 가족들에게 바다는 늘 조심해야 한다고 몇 번이고 말씀하셨다고 했어."

"정말? 너 짝꿍이 그런 말을 했어?"

다음날 해라는 학교에서 그 친구를 보았다. 그 친구는 친구들에게 가족 이야기하면서 해맑게 미소를 지었다. 부모님을 그리워하며 사는 해라는 아빠 엄마가 있는 친구들이 늘 부러웠다. 그 부러움 때문인지 질투심 때문인지 해라는 그 친구에게 먼저 다가가지 못했다.

30년이 지난 일들이 방금 일어난 사건처럼 생생하게 떠오른다. 해라는 둑 방위에 승용차를 세웠다. 해라가 죽을뻔했던 갯벌 바다는 개척되어서 평야가 되었다. 들녘에는 벼들이 누렇게 물결쳤다. 참새들은 창공을 휘젓고 벼 위를 맴돌다 나뭇가지에 대롱대롱 매달렸다. 조잘대는 소리가 제법 시끄럽다. 해라는 그 아저씨가 사는 마을을 향해 달렸다. 마을에 도착한 해라는 부둣가에 차를 세우고 언덕을 올라갔다. 야산을 등지고 있는 마을은 잘 익은 대추들로 시선을 사로잡았다. '민박'이라는 간판이 눈에 띄었다. 해라는 대문을 밀쳤다.

"방 있어요?"

"우리 집은 온돌방이에요."

"좋아요. 집 앞에 차 세워도 되나요?"

꼬마 아이가 아주머니 등에서 내려와 고개를 끄덕인다.

차를 가지러 부둣가로 다시 내려가는 길을 꼬마 아이가 걷고 뛰면서 앞장선다. 해라는 차 조수석에 그 아이를 앉혔다.

"이름이 뭐야?"

"재미."

묻기도 전에 손가락 4개를 꼼지락거리면서 펴 보인다.

"재미, 4살이야?"

고개를 위아래로 흔든다. 대문 앞에 차를 세우고 근처 슈퍼로 갔다. 재미가 좋아하는 아이스크림과 과자 몇 개를 샀다.

"며칠이나 있을 거요?"

"하룻밤만 신세 좀 질게요."

아주머니는 방을 안내해 주었다. 나무로 된 옷걸이가 방 구석에 서 있고, 이불이 잘 정돈되어 있다. 오랫동안 방을 사용하지 않았는지 창틀에는 먼지가 쌓였다. 캐리어를 놓고 창문을 활짝 열어 환기를 시켰다. 해라 가슴 속도 시원하게 정화되었다. 둑방을 기준으로 오른쪽은 붉은 태양에 물든 황금물결이 출렁이고 왼쪽 바다는 흰 물보라가 피어오른다. 해라는 바다를 향해 '좋다! 좋아!' 소리쳤다. 꼼지락거리는 소리에 뒤돌아보니 재미가 아이스크림을 흘리며 먹고 있었다. 머리카락을 양 갈래로 묶은 재미 눈동자는 유난히 까맣고 반짝였다. 인형처럼 예뻤다. 순간 해라는 재미가 내 딸이었으면 좋겠다는 생각이 들었다.

"아주머니, 재미 데리고 바닷가 구경 다녀와도 될까요?"

"할무니, 재미 갈거야."

재미가 먼저 신발을 신고 나섰다. 아주머니는 재미에게 손님 힘들게 하지 말라고 눈짓하신다. 해라는 재미 손을 잡고 선창 밑 좁은 길을 걸었다. 잔잔하게 일렁이는 파도가 햇빛을 받아 별처럼 반짝인다. 야산으로 올라가는 길섶 옆 조그마한 바위 위에 재미가 앉았다.

"재미야, 엄마는 어디 갔어?"

"엄마, 돈 벌어서 인형 사서 온다고 할무니가 그래."

해라는 재미 옆에 앉았다. 재미는 기다렸다는 듯이 해라 무릎에 누워 슬며시 눈을 감았다. 해라는 잔잔하게 출렁이는 바다를 바라보면서 지나온 날들을 반추했다. 어느덧 해가 지고 붉은 노을이 눈앞에 다가왔다. 해라는 재미 머리카락을 넘겨주었다. 작고 귀여운 손으로 눈을 비비고 일어난 재미는 해라 등 뒤에 섰다. 등으로 얼굴을 파묻는 재미가 귀여웠다. 해라는 재미를 업고 민박집으로 가는 길이 제법 힘들었다. 도착하니 아주머니는 저녁을 준비해 놓고 기다린 모양이다. 생선구이, 호박 나물과 김치로 한 상이 차려졌다. 아침을 시어머니 집에서 먹고, 재미랑 사 먹은 빵이 오늘 해라가 먹은 음식 전부다. 허기진 해라는 단숨에 밥 두 그릇을 해치웠다. TV를 켰다. 연속극을 보고 9시 뉴스가 끝나도 또 다른 가족은 아무도 오지 않았다. 해라는 샤워를 하고 잠자리에 누웠지만, 눈이 말똥말똥했다. 해라는 벌떡 일어나 가디건을 걸치고 밖으로 나와 와상에 앉았다. 뚜르르 뚜르르 귀뚜라미 우는 소리가 유난히 정겹게 들렸다.

"잠이 안 와요?"

"네. 부둣가에 가고 싶은데 무서워서 이렇게 앉아있어

요."

"같이 가주면 좋겠는데, 재미가 자다 일어나면 할매를 찾아서."

"재미 엄마는 어디 갔어요?"

"어느 날, 마을 사람들과 게를 잡고 집에 와보니 재미가 얼마나 울었는지 목이 쉬어 있었소. 놀라서 재미를 안고 보니 바닥에 종이 쪼가리가 있었소."

-어머니, 죄송합니다. 재미 부탁드릴게요.-

"아들이 고등학교를 졸업하고 놀고 있었소. 마침 서울에서 내려온 이웃집 형에게 사정했소. 내 아들 좀 데리고 올라가 달라고. 내가 딱했는지 아들을 데리고 갑디다. 서울로 올라간 아들은 형이 소개한 공장에 취직했다고 합디다. 2년이 지난 어느 날 직장을 그만두고 여자를 데리고 집으로 왔소. 며칠 동안 말없이 여자와 여기저기 돌아다니더니 아들이 말합디다. 통통배 한 척만 사 달라고. 그러면 이 여자와 결혼하고 마음잡고 살아 보겠다고. 남편도 어부로 살다가 사고로 세상을 떠났는데, 아들이 배를 사 달라고 해서 두려웠소. 그래서 소리치며 싸우고, 또 싸우고. 울면서 달래고 사정도 해보고 전쟁 같은 며칠이 지나도 아들은 끄떡없습디다. 자식 이기는 부모 없다는 말이 그때 이해가 됩디다. 저도 어쩔 수 없습디다. 그동안 근근이 모아두었던 돈과 농협에서 대출받아서 배 한 척을 사주었소. 같이 온 아가씨는 고아라고 합디다. 내 아들을 따라 이 시골까지 내려와 준 것이 기특하고 고마워서 소박하게 결혼식도 해주었소."

아주머니는 지난날들을 회상하는지 한참 동안 말없이 허공만 바라보았다.

"그날도 파도가 잔잔해서 통통배를 타고 아들이 바다에 나갔소. 점심을 먹고 있는데, 갑자기 시커먼 먹구름이 바다 위를 덮치고 비바람이 휘몰아쳤소. 순식간에 어두컴컴한 날씨로 둔갑합디다. 무섭게 돌변한 파도가 사람을 삼켜 버릴 것 같았소. 너무 무서웠소. 다음 날, 어제 무슨 일이 있었나 싶을 정도로 하늘에는 해가 뜹디다. 그 무서운 파도는 언제 있었냐는 듯이 사라지고 평화롭고 잔잔한 파도만 출렁 입디다. 바다로 뛰어들어 내 아들을 찾고 싶었소."

아주머니에게 이런 기막힌 사연이 있을 줄이야. 시간은 돌덩이를 가슴에 묻고 사는 아주머니 마음도 알지 못하고 흘러간다. 밤이 소리 없이 깊어간다.

"그나저나 손님은 여기를 어떻게 알고 왔소?"

"제 고향이 여기서 가까워요. 30년 만에 찾아왔더니 도로가 잘 정리되어 있고, 갯벌 바다가 드넓은 논으로 변해있더라고요."

"갯벌 바다를 개척해서 어촌마을 사람들이 부자로 살고 있소."

"저는 30년 전에 갯벌에서 짱뚱어와 고동 잡고 놀다가 밀물이 밀려와 죽을 뻔했어요. 지나가던 이 마을 아저씨가 저를 바다에서 구해주어서 지금까지 살고 있어요. 요즘 그 아저씨가 꿈에 자꾸 나타나서 여기에 와봤어요."

"그런 일이 있었소? 그 아저씨 성이라도 알아요? 내가 이 마을에 세 번째로 들어와서 원주민이나 다름없소. 모르는 집이 없지."

"그저 아저씨라는 것만 알고 있어요. 아주머니, 재미는 유치원에 다니나요?"

"이 마을에 유치원은 없고, 저 산밑에 학교만 있어요. 내 나이가 일흔이 훌쩍 넘었소. 저 불쌍한 재미를 학교에 보낼 생각만 하면 마음이 저려와요. 재미에게 피붙이는 이 할매밖에 없는데."

아주머니의 무너지는 한숨 소리를 타고 구슬 같은 눈물이 희미한 불빛에 반짝였다. 해라는 방으로 들어왔다. 불을 켜고 창밖을 바라보았다. 밀려오는 파도 소리가 귓가에 맴돌다 사라지곤 했다. 어둠이 싫어서 불을 끄지 않고 잠자리에 누웠다. 새벽을 알리는 닭 울음소리에 눈을 떴다. 세상이 다 변해도 닭 울음소리는 30년 전이나 지금이나 똑같다는 생각에 해라는 입꼬리를 말아 올렸다. 방 앞에서 바스락거리는 소리에 해라는 문을 열었다. 재미가 방으로 들어왔다.

남편은 생전에 경제적 여유가 생기면 배움을 갈구하는 학생들에게 도움을 주면서 살자고 늘 말했다. 해라 역시 그런 삶을 살기를 원했다. 어느새 그 꿈을 이루면서 살 나이가 되었다. 아들도 독립했다. 남은 시간을 재미랑 살고 싶어졌다. 해라는 재미를 안고 세면장으로 갔다. 머리를 감기고 목욕을 시켰다. 재미는 엄마가 보고 싶다고 이슬 같은 눈물을 뚝 떨궜다. 마음이 아팠다. 해라는 재미를 왈칵 껴안았다. 방으로 들어가 머리카락을 양 갈래로 예쁘게 묶어주었다. 아주머니가 차려 준 아침을 먹고 집을 나섰다. 아주머니는 해라에게 하고 싶은 이야기가 많은지 아쉬워한다. 생선 말린 것들을 봉지에 싸 주었다. 해라는 재미를 안아서 한 바퀴 빙그레 돌아주고 만원 한 장을 주었다. 해라는 눈물이 나올 것 같아서 서둘러 차에 올라탔다. 마을 골목길을 따라서 산 밑에 있는 초등학교를 둘러보았다. 서울로 올라오는 내내 재미 모습이 떠나질 않았다. 집에 도착한 해라는 아주머니 집으로 전화를 걸었다. 긴 줄을 타고 엄마를 찾는 재미 목소리가 들렸다. 해라는 목이 메어서 살며시 수화기를 놓았다. 해라도 엄마가 사고로 세상을 떠났을 때 엄마 품이 그리워서 울었던 생각이 스쳤다.

주말에 아들이 여자친구와 집으로 왔다. 3년 넘게 교제하고 있는데 결혼까지 갈까. 요즘 젊은이들은 만나고 헤어지는 게 자유로워서 크게 신경 쓰지 않았다.
"엄마, 여행은 즐거웠어요? 할머니도 무탈하시지요?"
"응. 할머니가 아들 많이 보고 싶어 하시더라."
해라는 찻잔을 들고 아들을 바라보았다. 재미에 대해 말하고 싶었다.
"아들아, 엄마 노후에 어떻게 살지 생각이 많아. 부모에게 외면받은 아이들에게 도움을 주고 싶어. 아들 생각은 어때?"
"엄마, 아이들과 살고 싶으세요? 제가 결혼하면 봉사하면서 사신다고 하셨잖아요."
"어머니, 어려운 아이들을 돌봐 주면 너무 좋은 일이지요. 배 아파서 낳은 자식은 아니지만, 가슴으로 낳은 자식이라고 생각하면 얼마나 예쁘겠어요. 어머니가 아이들을 돌보면서 사시는 게 행복하시다면 저도 도와 드릴게요."

아들 여자친구가 또박또박 야무지게 말했다. 해라는 의아한 표정으로 아들 여자친구를 바라보았다. '내 아들이 여자 보는 눈이 있구나. 내가 며느리 복이 있나?' 해라는 백합처럼 활짝 웃어 주었다.

"엄마, 쉽게 결정할 문제가 아니니까 시간을 두고 고민해 봐요. 저도 생각해 볼게요. 그나저나 갯벌에서 엄마를 구해준 아저씨 마을은 다녀왔어요?"

"그 마을 민박집에서 네 살짜리 재미를 만났어. 여자아이인데 할머니랑 둘이서 살고 있더라. 아버지가 사고로 죽고 엄마는 아이를 버리고 집을 나갔더라고. 내가 그 아이를 돌봐 주면 갯벌 바다에서 엄마를 구해준 아저씨에게 조금이라도 마음의 빚을 갚을 수 있지 않을까?"

해라가 하는 이야기가 무슨 내용인지 궁금해하는 여자친구에게 아들은 갯벌 사건을 자세히 말해 주었다. 아들이 결혼하면 해라도 다니던 직장을 그만둘 생각이다. 외롭게 사는 아주머니와 게도 잡고 고동도 줍고 재미 학교도 보내고. 대 자연을 만끽하면서 살고 싶다.

가을도 지나가고 매서운 겨울이 꼬리를 감출 때 아들 상견례 날짜가 잡혔다. 칙칙하고 무거운 겨울옷들은 거실 한 쪽으로 치우고, 흰색 정장을 입고 숄을 걸쳤다. 이대로 봄 여행이라도 떠나고 싶다. 상견례 장소는 조용한 한정식집이었다. 먼저 도착한 아들과 해라는 의자에 앉아 옷매무새를

매만졌다. 잠시 후 여자친구 가족이 들어왔다.

"어머니 오셨어요? 여기 제 가족을 소개할게요. 아버지, 어머니, 고모 그리고 저입니다. 이 집에서 예쁜 외동딸입니다."

"안녕하세요. 이렇게 시간 내주셔서 감사합니다. 저는 어머니와 단둘이 사는 외동아들입니다. 지방에 계신 할머니는 아쉽게도 참석 못 하셨습니다."

세련된 안사돈, 훤칠한 바깥사돈. 인상이 편안해 보이고 느낌이 좋았다. 아들을 30년 넘게 품고 살다가 새 둥지를 틀어서 내보내는 해라 마음보다 딸을 보내는 어미의 심정은 더 하리라. 해라는 아들이 입대했을 때가 떠올랐다. 2년 동안 떨어져 있어야 한다는 불안함과 서운함으로 입대 전에 부산으로 여행을 갔다. 햇빛에 반짝이는 모래를 밟으며 아들이 해라 손을 꼭 잡았다.

"엄마, 이제 아들도 성인이야. 내 걱정은 그만하고 엄마도 좋은 사람 만나서 행복하게 살았으면 좋겠어. 혼자 너무 외롭잖아."

해라는 아들을 책임져야 한다는 사명감으로 살았다. 외롭고 사무치게 남편이 생각나면 책을 벗 삼아 살았다. 해라는 가장 힘들고 세상을 끝내려고 했을 때 곁을 지켜준 남편을 잊을 수가 없었다.

아카시아 꽃향기가 가슴으로 스며드는 날, 아들이 결혼식을 했다. 폐백이 끝나고 식당으로 갔다. 하객들에게 감사 인사를 하다가 해라는 갑자기 움직일 수가 없었다. 전신이 마네킹처럼 굳어버렸다. '작은아버지다. 호랑이보다 더 무서운 나쁜 개새끼.' 해라는 온몸을 사시나무 떨듯 떨었다. 옆에 있던 아들이 놀라서 손을 꼭 잡았다. 해라는 심호흡을 하고 간신히 평정심을 유지하고 정신을 차렸다. 아들에게 한 번도 이야기한 적 없는 작은아버지를 소개해야 하나 말아야 하나 망설여졌다. 그때 작은아버지 옆에 있던 사촌 언니가 손을 흔들었다.

"해라야, 여기야. 여기."

"어머, 언니 너무 오랜만이에요. 와줘서 고마워요. 작은아버지, 멀리서 와 주셔서 감사합니다. 아들아, 작은할아버지야. 부산에서 올라오셨구나."

"안녕하세요. 처음 뵙겠습니다. 이렇게 와 주셔서 정말 감사합니다. 행복하게 잘 살겠습니다."

"그래. 축하한다. 해라야, 나 좀 잠깐 보자. 부산에 내려가려면 이제 일어나야겠다."

작은아버지는 식당 밖 모퉁이로 가더니 외투 속 주머니에서 봉투를 꺼내 해라에게 주었다. 세월은 그 누구도 비켜가지 않았다. 작은아버지 얼굴은 축 처진 소가죽 같았다. 힘없이 듬성듬성 걸어가는 뒷모습이 영락없이 할아버지다. 해라는 전혀 측은해 보이지 않았다. '항상 젊을 줄 알았어? 지은 죄가 얼마인데 당연히 추하게 늙어야지. 이 좋은 날 누가 반겨준다고 나타난 거야? 또 무슨 짓을 하려고 왔을까?' 해라 머릿속은 원망과 독기로 가득 찼다. 해라는 봉투를 들고 화장실로 뛰어갔다. 봉투 속에는 통장, 도장 그리고 누렇게 변한 편지 한 장이 있었다.

- 형님은 아버지 분신이었다. 형은 아버지가 재산도 많이 주었다. 언제나 형과 비교당했다. 그래서 나는 형을 죽이고 싶도록 미워했다. 형이 사고로 죽었을 때, 나는 슬프지 않았다. 아버지에게 받은 형 재산을 모두 내 것으로 만들고 싶었다. 술 취할 때면 조카도 품고 싶었다. 아내가 자궁암 말기로 아픔을 호소하면서 떨리는 목소리로 애원하듯 말하더라. 내 욕심 때문에 이렇게 무서운 병 걸렸다고. 지금이라도 해라 찾아가서 그동안 지은 죄를 사죄하고 빼앗은 형 재산을 돌려주라고 하더라. 고향에 논 한 마지기는 조카 앞으로 등기해 놓았다. 통장에 있는 돈으로 아파트 한 채 사서 살아라. 작은아버지 용서해 달라고 하지 않겠다. 잘 살아라. 미안하다. -

　해라는 가슴을 치며 하염없이 눈물을 쏟았다. 끔찍했던 지난 일들을 반추하고 싶지 않았다. 간신히 마음을 추스르고 신혼여행 떠나는 아들을 배웅했다. 모든 행사가 끝나자 긴장이 풀려서인지 눈꺼풀이 무거워졌다. 다음 날 해라는 커피 한 잔을 마시며 통장을 펼쳐 보았다. 서울은 아니라도 경기도권에 아파트 한 채 정도는 살 수 있는 돈이었다. 남편 사고로 받은 보상금도 그대로다. 아들이 새 둥지를 틀 때 주려고 했는데, 결혼 선물로 며느리 폐물만 원했다. 통장 두 개를 펼쳐 보니 해라는 마음이 들떴다. 재미를 돌보면서 새로운 삶을 시작하고 싶었다. 아들 내외와 충분한 논의가 필요하다. 일주일 후 아들과 며느리가 신혼여행에서 돌아왔다. 해라는 아이들에게 작은아버지 이야기를 하면서 편지와 통장을 보여 주었다. 편지를 읽은 아들은 한동안 말이 없었다.

"이제야 알게 되어서 너무 속상하네요. 한스러운 일들은 마음속에 담아두지 마시고 언제든지 말씀하세요. 들어 줄 수밖에 없지만 그래도 저는 항상 엄마 편이니까요. 엄마가 원하는 새로운 출발을 응원하고 도와 드릴게요."

결혼해서 그런가. 아들이 유난히 더 듬직하다. 해라는 활짝 핀 장미처럼 빨간 입술로 미소로 답했다.

해라는 30년을 넘게 다녔던 직장을 정리하고 재미에게 갔다. 아들 내외도 갯벌 바다가 궁금하다고 내려온다고 했다. 해라는 며느리에게 문자로 주소를 보냈다. 마을로 올라가는데 짧은 반바지를 입고 고양이 그림이 있는 티를 입은 재미가 뛰어와서 해라 가슴으로 덥석 안겼다. 재미를 안고 빙글빙글 서너 바퀴를 단숨에 돌았다. 아주머니도 반갑게 맞아 주었다. 재미는 좋아서 팔짝팔짝 하늘 높이 뛰었다. 해라는 아주머니와 이런저런 이야기꽃을 피우는데 빨간 승용차 한 대가 집 앞에 멈췄다.

"엄마, 저 꼬마 아이가 재미에요?"

"응. 귀엽지? 내려오느라 고생했어."

"어머니, 말씀하신 갯벌 바다가 여기였어요? 이 마을이 아빠 고향이에요. 이런 우연이 있다니 놀라워요."

"정말? 사돈이 동향 사람이었구나."

"아빠도 고모도 이 마을에서 학교 다녔다고 했어요. 저 끝에 보이는 빨간 기와집이 할아버지가 살던 집이에요. 1년에 한두 번 할아버지 산소 올 때 머무는 곳이에요."

해라는 사돈 고모가 동창일 수도 있다는 생각에 전화를 걸었다. 초등학교 5학년 때, 같은 반이었던 고모와 이야기하다가 해라는 고성을 지르고 말았다. 하염없이 눈물이 흘렀다. 가슴이 벌렁벌렁 뛰었다. 며느리 할아버지가 갯벌 바다에서 해라를 구해준 아저씨였다.

'세상에 이런 인연이! 이런 인연이 있다니!'

해라는 끝없이 펼쳐지는 바다, 출렁거리는 파도, 붉게 물든 저녁노을을 멍하니 바라본다.

이영숙

2019년 광주문학 신인상 단편소설 「별천지」 등단. 소설집 『별천지』 외 작품 다수.
제17회, 제18회 좋은생각 생활문예 장려상.
제38회 경기여성기예경진대회 수필부문 대상.
제13회 현대문학사조 문학 우수상.
2024 신예작가 (한국소설가협회).
한국소설가협회 회원. 한국문인협회 회원. 현대문학사조 회원.

2025 현대문학사조문인협회 열다섯 번째 앤솔로지

ㄱ · ㄴ · ㄷ · ㄹ의 만남

초판 발행일 2025년 9월 6일

지은이 현대문학사조문인협회

펴낸이 양상구
웹디자인 김초롱
펴낸곳 도서출판 채운재
주소 우) 01314 서울시 도봉구 시루봉로 15라길 38-39 301호
전화 02-704-3301
팩스 02-2268-3910
H · P 010-5466-3911
E-mai ysg8527@naver.com

정가 15,000원
ISBN 979-11-92109-95-4(03810)

* 이 책은 저작권법에 따라 보호받는 저작물이므로 무단전재와 무단복제를 금지하며 이 책의 내용 전부 또는 일부를 이용하려면 반드시 저작권자와 도서출판 채운재의 동의를 받아야 합니다
* 파손 및 잘못된 책은 구입처에서 교환해 드립니다